Mein Kind geht zur Erstkommunion

Klaus Roos

Mein Kind geht zur Erstkommunion

Eine Vorbereitung für Eltern

Der Matthias-Grünewald-Verlag ist Mitglied
der Verlagsgruppe engagement

Die Deutsche Bibliothek – CIP-Einheitsaufnahme

Roos, Klaus:
Mein Kind geht zur Erstkommunion : eine Vorbereitung für
Eltern / Klaus Roos. – Mainz : Matthias-Grünewald-Verl., 1996
  ISBN 3-7867-1941-1

Umschlag: Thomas & Thomas Design, Heidesheim
Abbildung: Vincent van Gogh, Der Sämann (Ausschnitt)
Gesamtherstellung: Clausen & Bosse, Leck

ISBN 3-7867-1941-1

Inhalt

......

Vorwort

Ihr Kind geht zur Erstkommunion. Als Vater oder Mutter machen Sie sich Gedanken über die Gestaltung der Familienfeier, die aus diesem Anlaß stattfindet, organisieren das Festessen, gehen auf die Suche nach Kommunionkleidern und Festtagsgarderobe… Gleichzeitig nehmen Sie wahr, wie Ihr Kind im Religionsunterricht und in der Pfarrgemeinde auf dieses Ereignis hingeführt wird. Es gibt Kommuniongruppen und religiöse Wochenenden, Kindergottesdienste und Arbeitsmappen, Bibeltage und Hefteinträge, die um das Thema „Erstkommunion" kreisen. Ihr Kind – das spüren Sie – wird von der Pfarrgemeinde zu einem Weg eingeladen. Auf diesem Weg soll es etwas entdecken: Es soll das entdecken, was die Christen „Geheimnis des Glaubens" nennen.

Vielleicht wollen Sie Ihr Kind auf diesem Weg begleiten. Vielleicht wollen Sie aber auch nur Näheres wissen über diesen Glaubensweg, der Ihnen selbst fremd erscheint und zu dem Sie keinen Zugang haben. Vielleicht ist die Erstkommunion Ihres Sohnes, Ihrer Tochter Anlaß für Sie, sich mit dem Glauben neu auseinanderzusetzen.

Dazu gibt Ihnen das vorliegende Buch eine Hilfe. Es ist eine Art „Schnellkurs", der Ihnen den Weg zeigen will, den ihr Kind geführt werden soll. Sie finden Grundinformationen über den Glauben der Christen. Und Sie sollen Einblick erhalten in die wichtigsten Fragen und Themen, die mit der Erstkommunion Ihres Kindes verbunden sind.

Über die private Lektüre hinaus kann das Buch auch Grundlage sein für Gesprächskreise oder Elternabende in der Gemeinde. Immer wieder sind deshalb nach den einzelnen Abschnitten Impulse zwischengeschaltet für das persönliche Nachdenken oder für das Gespräch mit anderen Eltern.

Gehen Sie den Fragen und Themen nach. Prüfen Sie sie kritisch, aber lassen Sie Ihr Kind auf dem Weg zur Erstkommunion nicht

……

allein. Das sind Sie ihm schuldig. Wenn Sie sich darauf einlassen, können Sie Entdeckungen machen, die auch Ihr eigenes Leben bereichern. Machen Sie sich also auf Überraschungen gefaßt.

Klaus Roos

Unterschiedliche Zugänge

Wenn wir uns mit der Erstkommunion beschäftigen, müssen wir zuerst ein Gespür dafür entwickeln, daß dieses Fest aus unterschiedlichen Blickwinkeln gesehen und erlebt wird. Alle Beteiligten haben ihre eigene Sichtweise, ihre eigene Wahrnehmung, ihren eigenen Zugang.

Die *Kinder* sehen dem Tag mit gemischten Gefühlen entgegen. Die Freude überwiegt natürlich. Sie genießen es, daß sie an diesem Tag im Mittelpunkt stehen werden; das tut ihnen gut. Und sie freuen sich vor allem auf die Geschenke, die neue Kleidung, das ganze Drumherum. Aber auch ein wenig Angst wird sich in die Gefühle mischen, Unsicherheit, was da auf sie zukommt, Nervosität, ob sie alles richtig machen. Herausgeputzt und sehr aufgeregt wird unser Kommunionkind dastehen am Sonntagmorgen, geblendet vom Glanz der Geschenke, verwirrt von der Hektik und dem Besuch zahlreicher Verwandter. Das Programm ist voll am Erstkommuniontag, der Kopf ist voll, das Herz ist voll – und das soll der Rahmen sein für die Begegnung eines Menschen mit dem lebendigen Gott. Vom Geheimnis des Glaubens – so ist zu vermuten – wird das Kind wenig spüren. Für manche wird die Erstkommunion auch gleich die Letztkommunion sein, und nach der Statistik werden von den Erstkommunionkindern nicht einmal 20 % nach diesem Tag regelmäßig den Gottesdienst mitfeiern.

Die *Eltern* sehen den Tag wieder anders. Er bringt Turbulenz ins Familienleben. Da müssen Kleider gekauft und Kuchen gebacken werden, da wurde ein Gasthaus für das Mittagessen gesucht und eine Gästeliste erstellt, da finden Elternabende statt und Gottesdienste, da wird organisiert und informiert, und manche Hausfrau wird im stillen seufzen: „Wenn nur schon alles vorbei wäre…"
Doch da meldet sich noch ein anderes Gefühl: eine Mischung aus

......

Wehmut und Stolz, daß der Sohn, die Tochter nun einen weiteren Schritt getan hat in der Lebensentwicklung: ein Stück größer geworden, ein Stück reifer, aber auch ein Stück weiter abgelöst vom Elternhaus, ein Stück selbständiger, und mancher mag ahnen, daß es nicht mehr allzulange dauern wird, bis das Kind endgültig seine eigenen Wege geht.

Was das alles mit dem Glauben zu tun hat, daran sind Eltern ganz unterschiedlich interessiert. Wer selbst keine Beziehung hat zu Glaube und Kirche, wird vielleicht vorsichtig zu fördern suchen, daß das Kind wenigstens durch die Erstkommunionvorbereitung etwas von dem mitbekommt, was die Eltern selbst ihm nicht mitgeben können.

Es kann aber auch ganz anders aussehen: Distanzierte Eltern betrachten vielleicht den ganzen „religiösen Rummel" als lästiges Anhängsel, das man eben in Kauf nehmen muß, wenn man nicht auf das schöne Fest für das Kind verzichten will. Vielleicht kommt auch alter Ärger auf die Kirche wieder hoch, Verletzungen, die aus der eigenen religiösen Erziehung mitgetragen werden, vielleicht werden Eltern jetzt wieder einmal konfrontiert mit unverständlichen Ansprüchen der Kirche an sie selbst und an ihr Kind, mit starren Traditionen und mit nichtssagenden Glaubensformeln.

Es gibt natürlich auch Eltern, denen der Glaube selbst sehr viel bedeutet und für die der Erstkommuniontag ihrer Kinder vor allem auch mit dem Wunsch verbunden ist, ihre Kinder möchten ebenfalls entdecken, was im Leben der Eltern so wichtig ist.

Wieder einen anderen Blickwinkel haben *Geschäftswelt* und *Öffentlichkeit*. Um die Erstkommunion wird ja ein grandioser Rummel entfacht. Ganze Wirtschaftszweige leben davon. Der Einzelhandel blüht, die Gastronomie freut sich. Auch für Werbegeschenke ist der Kommuniontag ein guter Anlaß. Sogar Sparkasse und Post gratulieren mit einem Geld-Gutschein. Die Kommunionkinder von heute sind die Kunden von morgen. Mit dem „Geheimnis des Glaubens" hat das nichts zu tun.

Dafür, so wird gesagt, sei schließlich der *Pfarrer* zuständig. Seine Sicht der Erstkommunion ist noch einmal anders. Nach seinem Verständnis kommt der Eucharistiefeier eine wichtige Rolle im Leben eines Christen zu. Hier begegnet der Mensch dem Geheimnis seines Lebens, tritt in Beziehung zu jener Macht, die unser Leben trägt und die wir „Gott" nennen, verbindet seine eigene Lebensgeschichte mit der Geschichte jenes Mannes aus Nazaret, von dem wir Christen unseren Namen haben.

Weil die Kirche zutiefst davon überzeugt ist, daß das Leben eines Menschen reicher wird und an Tiefe, an Freude, an Glück gewinnt, wenn es sich festmacht an diesem Gott, wenn es ihn in die Lebensgestaltung einbezieht, sich von ihm tragen läßt, deshalb kann sie nicht aufhören, diesen Glauben weiterzugeben.

Es geht dem Pfarrer, dem Pastoralreferenten oder der Gemeindeassistentin bei der Erstkommunion nicht in erster Linie darum, möglichst viele Mitglieder für den eigenen Verein zu aktivieren, wenngleich dies als „Nebenwirkung" natürlich durchaus willkommen ist. Die Kirche hat vielmehr ein fundamentales Interesse an den Kindern, am Gelingen des Lebens dieser Kinder, und deshalb will sie ihnen das Beste mitgeben, was sie selber hat: den Glauben an einen Gott, der unser Leben begleitet und in dessen Händen unser Schicksal geborgen ist.

Eine Mitgift fürs Leben

Als Eltern sind Sie bewegt von dem Wunsch, ihren Kindern all das mitzugeben, was sie für ihr späteres Leben brauchen. Darum legen Sie ja so viel Wert auf gesunde Ernährung, gesunde Lebensweise, gute Ausbildung und charakterliche Formung. Niemand weiß, was die Zukunft bringt. Doch sollte es nicht auch im Leben dieser Kinder, die zur Erstkommunion gehen, einmal Situationen geben, wo es ihnen hilft, wenn sie sich an einem Wort festhalten dürfen, wie es Gott durch den Mund des Propheten Jesaja zu jedem von uns spricht:

......

11

„Kann denn eine Frau ihr Kindlein vergessen,
eine Mutter ihren leiblichen Sohn?
Und selbst wenn sie ihn vergessen würde:
ich vergesse dich nicht.
Sieh her: ich habe dich eingezeichnet in meine Hände."

(Jes 49,15 f)

Ein Kind, das mit dem Grundgefühl aufwachsen kann, daß es nicht allein ist, daß es umfangen ist von der Liebe Gottes, auch in Krisenzeiten und an dunklen Tagen, hat eine Mitgift für das Leben mitbekommen, die mindestens genausoviel wert ist wie eine gute Abiturnote oder ein Bausparvertrag. Auch unser eigenes Leben erscheint ja in einem anderen Licht, wenn wir vertrauen können auf die Worte, die Gott uns durch Jesaja zuspricht:

„Fürchte dich nicht...,
ich habe dich beim Namen gerufen,
du gehörst mir.
Wenn du durchs Wasser schreitest,
bin ich bei dir,
wenn durch Ströme,
dann reißen sie dich nicht fort.
Wenn du durchs Feuer gehst,
wirst du nicht versengt,
keine Flamme wird dich verbrennen.
Denn ich, der Herr, bin dein Gott,
ich, der Heilige Israels, bin dein Retter."

(Jes 43,1–3a)

Vier Beispiele, wie die Erstkommunion der Kinder viermal anders gesehen werden kann. Diese vier Sehweisen prallen natürlich manchmal aufeinander: Die Eltern ärgern sich, weil sie sich religiös vereinnahmt fühlen und Dinge tun sollen, die sie gar nicht wollen. Die Kinder sind ganz in Beschlag genommen von den Äußerlichkeiten und scheinen manchmal gar nicht zu begreifen, was der Kern des Erstkommuniontages ist. Der Pfarrer bzw. die kirchlichen Mit-

······

arbeiterinnen und Mitarbeiter leiden unter beidem: unter der religiösen Interesselosigkeit der Eltern und dem Unverständnis der Kinder. Und wenn sie selbstkritisch sind, dann leiden sie auch ein wenig an ihrer eigenen Unfähigkeit, Eltern und Kindern die Leuchtkraft des Glaubens intensiv genug zu vermitteln.

Übung

Erinnern Sie sich an Ihren eigenen Erstkommuniontag? Wie war das damals vor 20, 25 oder 30 Jahren? Welche Eindrücke, Stimmungen, Gefühle werden in Ihnen wach, wenn Sie daran denken?

Was fällt Ihnen spontan dazu ein? Holen Sie Ihr Fotoalbum mit Ihren eigenen Kommunionbildern, und tauschen Sie in der Familie oder im Gesprächskreis der Pfarrgemeinde Erinnerungen aus. Erzählen Sie einander, wie Sie Ihre eigene Erstkommunion erlebt haben.

Fragen Sie sich: Welche schlechten Erfahrungen, die ich vielleicht in meiner eigenen Kindheit machen mußte, möchte ich meinem Kind ersparen?
Welche positiven Erfahrungen möchte ich meinem Kind mit der Erstkommunion vermitteln helfen?

Manche Erinnerungen tauchen auf beim Rückblick auf den eigenen Erstkommuniontag: der Ärger mit dem Kommunionkleid, die Tränen schon beim Einkaufen und die Ohrfeige der Mutter, die alle Diskussionen schließlich beendete, das Hemd, dessen Kragen sich plötzlich am Weißen Sonntag als zu eng herausstellte, die Wachsflecken von der Kerze auf dem Kommunionanzug oder dem Kommunionkleid, die Armbanduhr des Patenonkels, die Aufregung am Morgen, weil das Kind versehentlich etwas gegessen und damit das Nüchternheitsgebot verletzt hat, das lange Warten beim Fotografen, die Tracht Prügel nach dem Kaffeetrinken, weil partout in vollem Anzug der neue Fußball ausprobiert werden mußte, die gerührten Gesichter und Umarmungen der Tanten, das neue Fahrrad... Daß das Herz angerührt wurde, weil es etwas ahnte von der Größe des lebendigen Gottes, daß eine Begegnung geschah zwischen einem jungen Menschen und seinem Gott, daß da etwas aufbrach im Inneren an Liebe, an Vertrauen, an Hingabe – Erinnerungen daran dürften wohl eher die Ausnahme sein.

Unseren Kindern wird es nicht viel anders gehen. Wenn wir sie so anschauen, merken wir kaum etwas davon, daß sich durch die Kommunionvorbereitung in ihrem Leben etwas geändert hat. Oder sind sie fröhlicher und offener, gläubiger oder hilfsbereiter geworden? Der Weiße Sonntag wird – so ist zu befürchten – kaum Spuren in ihrem Leben hinterlassen. Manche werden nach ihrer Erstkommunion erst wieder bei der Firmung eine Kirche von innen sehen. Das soll kein Vorwurf sein, sondern ein nüchterner Blick auf die Realität. Falsche Romantik hilft hier nicht weiter. Auch die Suche nach Sündenböcken führt zu nichts. Meistens wird da der „Schwarze Peter" nur hin und her geschoben: Die Eltern geben dem Religionsunterricht die Schuld, der Religionslehrer oder die Religionslehrerin macht die Eltern verantwortlich, der Pfarrer verteilt den „Schwarzen Peter" an beide, und beide geben ihn an Pfarrer, Gemeindereferentin oder Pastoralassistenten zurück mit dem Hinweis, daß auch in der Gemeinde nichts los ist, daß die Gottesdienste die Kinder nicht begeistern können und daß eigentlich sowieso die Hauptamtlichen für die religiöse Erziehung verantwortlich sind.

Dieses Buch wendet sich an Sie, die Eltern. Es gibt Informationen über den Glauben und zum Verständnis der Erstkommunion, konfrontiert Sie mit Fragen, lädt Sie ein auf einen Weg. Die Erstkommunion Ihres Kindes ist auch für Sie eine Chance, sich neu herausfordern zu lassen von dem „Geheimnis des Glaubens", das in der Eucharistie unser Leben berühren will.

Glauben – was ist das, wie geht das, was nützt das?

In der Alltagssprache hat das Wort „Glauben" oft die Bedeutung: „etwas für wahr halten, das man nicht beweisen kann". Im Gegensatz zum Wissen wäre der Glaube ein Überzeugtsein von Wahrheiten, die nicht durch wissenschaftlichen Nachweis oder vernünftige Einsicht erkannt worden sind. Diese Wahrheiten berufen sich vielmehr auf göttliche Offenbarung, wie sie von der Kirche verkündet und dargelegt wird. Ein solches Glaubensverständnis ist jedoch einseitig. Glaube ist mehr als „etwas für wahr halten". Folgende Geschichte macht es deutlich:

In einer kleinen Stadt führt eine wandernde Artistengruppe auf dem Marktplatz ihre Kunststücke vor. Als letztes zeigt ein Seiltänzer sein Können und begeistert die Menge. Auf dem Höhepunkt seiner Darbietung schiebt er frei balancierend einen Schubkarren über das Seil, hoch über den Köpfen der Menge. Als er drüben ist, hält er einen Moment inne, beugt sich hinunter und ruft dem Publikum zu: „Glaubt ihr, daß ich es auch wieder zurück schaffe?" Die Leute klatschen zustimmend, einige rufen: „Zugabe!" Da wendet er sich noch einmal hinunter, faßt einen Zuschauer in der Menge schärfer ins Auge und ruft: „Und du, glaubst du es auch?" „Natürlich!" ruft der Mann zurück und klatscht begeistert Beifall. Der Seiltänzer zögert einen Moment, dann gibt er zur Antwort: „Dann komm doch herauf und steig ein."

(Nach: Klaus Roos, Damit Gemeinde lebt. Ein Grundkurs für die Arbeit im Pfarrgemeinderat, Matthias-Grünewald-Verlag, Mainz ²1991, 69)

Genau darum geht es beim Glauben: Nicht nur etwas für wahr halten, sondern einsteigen, den Schritt aufs Seil wagen, sich den Händen dessen anvertrauen, der den Karren hält und mich sicher ans Ziel bringt. Im Kopf hatte jener Zuschauer es durchaus für wahr gehalten, daß der Artist sein Kunststück wiederholen könne. Im Herzen aber war er nicht bereit, sich auch persönlich darauf einzulassen. Wer glaubt, wagt den Schritt aufs Seil. Ich bleibe nicht Zuschauer, sondern bringe mich selbst ein, setze mein Leben aufs

......

Spiel, vertraue mich einem anderen an. Daß „Glaube" nicht nur eine Sache des Kopfes, sondern eine Sache des Herzens ist, macht schon der Begriff selbst deutlich: das lateinische „credo" – „ich glaube" ist abgeleitet von „cor do" – „ich gebe mein Herz". Wenn also „glauben" darin besteht, daß ein Mensch Gott sein Herz gibt, dann hat das immer mit der letzten Freiheit eines Menschen zu tun, die unserem Zugriff enthoben ist. Das hat natürlich auch Konsequenzen für die Glaubensvermittlung. Man kann den Glauben nicht einfach weitergeben wie einen Aktenkoffer mit Glaubenssätzen. Es ist möglich, Kindern Inhalte beizubringen, ihnen Wissen zu vermitteln, sie „Wahrheiten" lernen zu lassen. Es ist auch möglich, sie mit dem Einsatz elterlicher Autorität und all der damit verbundenen Druckmittel in den Gottesdienst zu schicken und sie zur Teilnahme an der Liturgie zu verpflichten. „Glaube" ist das aber noch nicht. Wirklicher Glaube entsteht erst da, wo ein Kind Gott sein Herz öffnet, Vertrauen faßt zu jener geheimnisvollen Macht, die sein Leben anruft, und sich einläßt auf eine Beziehung. Deshalb können wir als Eltern den Glauben nicht einfach „weitergeben" wie ein Buch, können unsere Kinder nicht einfach gläubig „machen". Es geht um ihr Herz, es geht um ihr Vertrauen, es geht um ihre Liebe.

Glaubensvermittlung kann immer nur über „Ansteckung" geschehen. Der Glaubensfunke entzündet sich an der Flamme eines anderen Glaubenden. Ein Funke kann aber nur überspringen, wenn ein Feuer da ist. Nur wenn ich selber brenne, kann ich die Fackel des Glaubens in meinen Kindern entzünden. Das mag etwas pathetisch klingen, aber es ist im Grunde die uralte Wahrheit, daß der Glaube vom Zeugnis der Glaubenden lebt. Deshalb sind auch die Eltern in der Kommunionvorbereitung so wichtig. Der Glaube Ihres Kindes kann in der Regel nur dann wachsen, wenn Sie sich selbst auf den Weg des Glaubens begeben, und seien es nur erste suchende Schritte, die Sie unternehmen.

Gott – auf der Suche nach einem Unbekannten

Schon die ersten Schritte auf dem Weg des Glaubens führen uns ins Zentrum: zur Frage nach Gott. „Gott" – ein häufig gebrauchtes, manchmal schon etwas abgegriffenes und doch, wie ich meine, unersetzlich kostbares Wort: eine leere Hülse für die einen, ein Wort ohne Inhalt und Bedeutung, ein geheimnisvoller Name für die anderen, schicksalhaft und lebensentscheidend für den eigenen Weg. Nähern wir uns diesem großen Wort „Gott" ganz vorsichtig, indem wir anschauen, bei welchen Gelegenheiten die „religiöse Frage", die Frage nach Gott, in unserem Leben auftaucht und was sie für uns bedeutet.

17

Ivan Steiger sieht die Bibel. Verlag Katholisches Bibelwerk und Deutsche Bibelgesell-schaft. © Ivan Steiger.

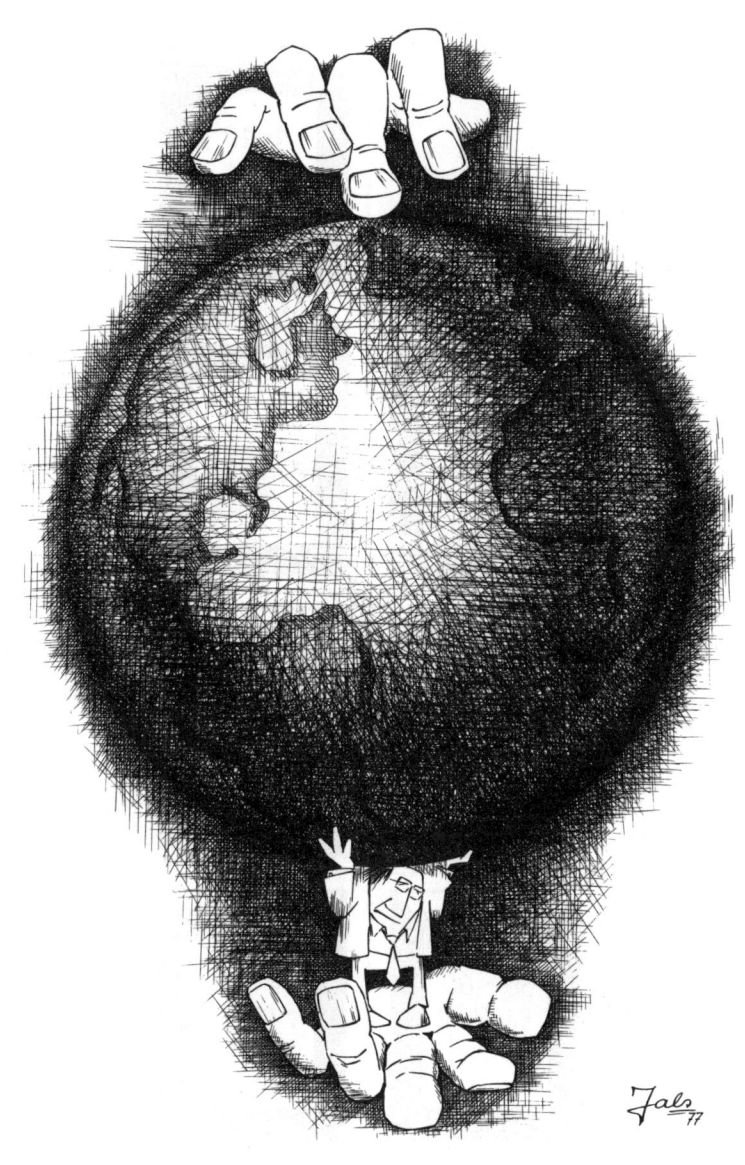

......

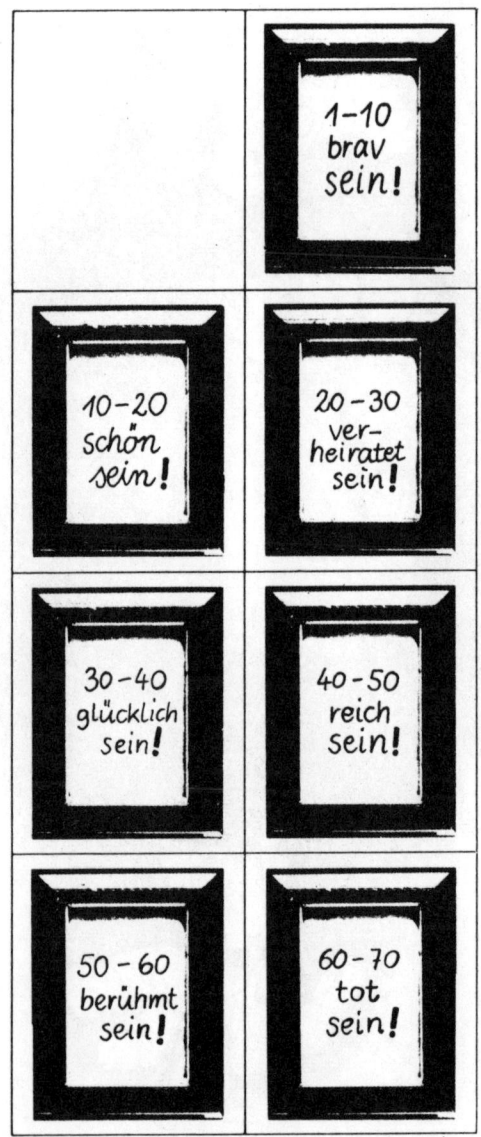

Aus: „Kaugummi", Beltz & Gelberg, Weinheim. © Norbert Höchtlen
Beltz & Gelberg, Postfach 10 01 54, 69441 Weinheim

Deutungsmöglichkeiten

„ICH"

Der Mensch als Marionette. Viele Fäden ziehen an ihm. Trotzdem versucht er, sich zu behaupten, hält demonstrativ sein Ich aufrecht. Wer bin ich, wie verstehe ich mich, wer will ich sein? Wovon lasse ich mein Leben bestimmen? Im Netz ihrer Abhängigkeiten, im Sog der Einflüsse, die das Leben prägen, fragen Menschen: Wie kann ich Ich sein? Die Frage, wer wir sind, die Frage nach unserer Identität, begleitet uns ein Leben lang. Sind wir nur die, die die anderen aus uns machen? Nur die, als die die anderen uns sehen? Oder gibt es eine letzte Würde, eine unantastbare Freiheit in mir, die dem Zugriff anderer Menschen entzogen ist? Die Frage nach der tiefsten Identität, nach dem letzten Geheimnis meines Lebens, nach der wahren Freiheit inmitten aller Abhängigkeiten ist eine religiöse Frage. Denn sie fragt über das Vordergründige hinaus nach dem letzten Grund, in dem mein Leben gründet. Auf der Suche nach mir selbst, nach meiner Wurzel und nach meiner Bestimmung begegne ich den Spuren jenes Geheimnisses, das wir „Gott" nennen.

WELTKUGEL

Ein Mensch versucht die Erdkugel zu tragen. Schwer lastet sie auf seinen Schultern.

Die Verantwortung für unsere Erde ist es, die hier angesprochen wird. Die großen Überlebensfragen „Gerechtigkeit", „Frieden", „Bewahrung der Schöpfung" bedrängen uns, sind eine ungeheure Verantwortung, der wir uns stellen müssen. Wie können wir ihr gerecht werden? Welche Perspektiven für die Zukunft der Erde, für die Zukunft unserer Kinder, sehen wir?

Die beiden Hände, die das Bild umrahmen, bieten eine Deutung an: Die Erde und der Mensch sind noch einmal umfangen und getragen von Händen, die Halt und Geborgenheit geben. Der Mensch ist nicht allein mit seiner Last. Die Welt ist gehalten von Händen, die sie umfangen.

......

Auch die Frage nach dem Ganzen der Wirklichkeit, nach der Zukunft des Kosmos, nach der Verantwortung des Menschen für das „Raumschiff Erde" ist eine religiöse Frage. Jeder Religion geht es ums Ganze. Jede Religion ist ein universales Deutungsangebot für das Leben des einzelnen und das Schicksal der Menschheit und der Welt.

LEBENSZIELE

Tafeln oder Schubfächer mit Lebenszielen. Typische Mustervorstellungen einer bürgerlichen Karriere. Das Leben eingeordnet in Schubladen, ausgerichtet nach Zielen, angepaßt an Klischees. Soll das alles sein? Sind das die Ziele, die mir wichtig sind, die mein Leben ausmachen? Will ich mein Leben nach diesen Maßstäben gestalten? Ist das die Lebensplanung, die ich mir für meine Kinder wünsche?

Die erste Tafel ist leer. Die Frage nach dem Woher bleibt offen. Auch die letzte Tafel irritiert. Sie konfrontiert mit der Realität des Todes. Von der letzten Tafel werden alle anderen Ziele in Frage gestellt. Jeder Lebensentwurf muß sich am Problem des Todes bewähren. Ein Lebenskonzept, das auf den Tod keine Antwort hat, ist gescheitert. Die Fragen nach dem Woher und dem Wohin des Menschen sind die Grundfragen jeder Religion.

Die Bilder sollten zeigen: Wir kommen mit der Frage nach Gott in Berührung,
– wenn wir unsere Identität suchen und nach unserer Freiheit fragen,
– wenn wir über die Wirklichkeit nachdenken und nach der Zukunft des Kosmos fragen,
– wenn wir nach dem Ziel und Sinn unseres Lebens suchen und nach dem Woher und Wohin des Menschen fragen.

......

22

Der Unbekannte gibt sich zu erkennen

Wer auf der Suche ist nach seinem wahren Ich hinter allen Masken, Entfremdungen und Zwängen; wer nach dem letzten Halt der Wirklichkeit, der Welt und der Menschheit fragt; wer nachdenkt über Lebenssinn und Lebensziele, kann von der Ahnung berührt werden, daß unser Leben von einem Geheimnis umgriffen ist, das wie ein Horizont im Hintergrund aufleuchtet, sich aber jedem direkten Zugriff, jedem Versuch der Vereinnahmung und der Festlegung entzieht. Dieses Geheimnis nennen wir Christen „Gott". Die Grenze des Sagbaren wäre damit fast schon erreicht, wenn nicht dieses Geheimnis, das wir „Gott" nennen, sich selbst erschlossen und den Menschen mitgeteilt hätte: Im Kern des jüdisch-christlichen Glaubens steht die Überzeugung, daß dieser Gott – bildlich gesprochen – ein Angesicht hat, daß er uns anspricht, uns hört, uns sieht, Beziehung aufgenommen hat zu uns Menschen, gegenwärtig ist mitten in seiner Schöpfung, unser Leben begleitet, uns trägt. Als Christen glauben wir nicht zuerst an einen „Gott an sich", sondern an einen „Gott für uns", an den Lebendigen, den Heiligen, den Fernen und zugleich Nahen.

In vielen Bildern und Geschichten erzählt die Bibel von dem Weg, den Gott mit seinem Volk gegangen ist, vom „Bund", den er mit den Menschen geschlossen hat, von der gemeinsamen Beziehungsgeschichte zwischen Gott und Mensch.

Eine der berühmtesten Gottesbegegnungsgeschichten der Bibel handelt von der Offenbarung Gottes am Berg Horeb. Es wird erzählt, wie Mose, der in der Steppenwüste die Schafe und Ziegen seines Schwiegervaters weidet, eine geheimnisvolle Erscheinung hat. Aus der Flamme eines brennenden Dornbuschs, der brennt und doch nicht verbrennt, ruft ihn die Stimme Gottes an. *„Ich bin der Gott deines Vaters, der Gott Abrahams, der Gott Isaaks und der Gott Jakobs"* – so gibt sich Gott zu erkennen. Und er fährt fort: *„Gesehen, ja gesehen habe ich das Elend meines Volkes in Ägypten, und gehört, ja gehört habe ich ihre laute Klage über ihre Antreiber. Ich kenne ihr Leid."* Der Gott, der sich hier offenbart, hat Auge und

......

Ohr und Herz für die Menschen. Er hat ihre Klage gehört und ihre Not gesehen, und er will eingreifen, um sie zu retten. Er gibt Mose den Auftrag, sein Volk aus Ägypten, aus der Unterdrückung, herauszuführen. Jetzt steuert der Dialog auf seinen Höhepunkt zu:

„Da sagte Mose zu Gott: Gut, ich werde also zu den Israeliten kommen und ihnen sagen: Der Gott eurer Väter hat mich zu euch gesandt. Da werden sie mich fragen: Wie heißt er? Was soll ich ihnen darauf sagen? Da antwortete Gott dem Mose: Ich bin der ‚Ich-bin-da‘. Und er fuhr fort: So sollst du zu den Israeliten sagen: Der ‚Ich-bin-da‘ hat mich zu euch gesandt. Weiter sprach Gott zu Mose: So sag zu den Israeliten: Jahwe, der Gott eurer Väter, der Gott Abrahams, der Gott Isaaks und der Gott Jakobs, hat mich zu euch gesandt. Das ist mein Name für immer, und so wird man mich nennen in allen Generationen“ (Ex 3,13–15).

Der namenlose Gott offenbart seinen Namen. Und in diesem Namen wird sichtbar, wer Gott ist: der „Ich-bin-da“ oder – wie andere übersetzen – „Ich-bin-für-euch-da“. Die ganze Bibel handelt davon, wie dieser Name sich immer wieder bewahrheitet: Gott ist für uns da. Die Erfahrung, daß Gott befreit und rettet, ist die Urerfahrung des jüdisch-christlichen Glaubens. Prägend war vor allem die Geschichte von der Herausführung Israels aus Ägypten, eine Befreiungs- und Rettungsgeschichte, die auch für das Verständnis der Erstkommunion eine wichtige Rolle spielt, wie später noch deutlich wird.

In Kindern die Ahnung von Gott wecken

Wie können wir als Eltern mit unseren Kindern über das Geheimnis, das wir „Gott“ nennen, sprechen? Was ein Wort bedeutet, erkennen wir aus dem Lebenszusammenhang, in dem es verwendet wird. Was ein „Ball“ ist, lernt ein Kind nicht durch Definitionen, sondern dadurch, daß es mit ihm spielt, daß es Erfahrungen damit macht. Wer oder was „Gott" ist, lernt ein Kind ebenfalls nicht durch Erklärungen oder Definitionen, sondern aus dem Lebenszusammenhang, in dem das Wort „Gott" verwendet wird. Was „Gott" im Leben seiner Eltern bedeutet, welche Rolle er im Zusammenhang dieses Lebens spielt, darin ahnt das Kind erstmals ein wenig von jenem Geheimnis, das wir mit dem Namen „Gott" benennen. Kinder erleben mit, wie Eltern bei Sorgen oder Schicksalsschlägen sich an Gott wenden. Sie erfahren vielleicht im gemeinsamen Abendgebet, daß die Freude über den Tag und die Lust am Leben in den Dank mündet an Gott, den Schöpfer und Wegbegleiter. Sie spüren auch das Ringen und das Suchen der Eltern, die Zweifel und die Fragen nach dem fernen und zugleich nahen Gott.

Entscheidendes ist ja auch schon in der frühen Kindheit geschehen. Die Zuwendung der Mutter in den ersten Lebensmonaten, ihre verläßliche Anwesenheit, ihre Wärme, ihre Haut – das alles vermittelt schon dem Säugling eine erste Ordnung in dem umgebenden Chaos, eine erste Geborgenheit in einer fremden Welt, ein erstes Vertrauen zu einer bergenden Macht, ein Urvertrauen, das die wichtigste Grundlage für den späteren Glauben ist. Die Art, wie wir mit dem Kind umgehen, wie wir es zur Selbständigkeit ermutigen, wie wir ihm etwas zutrauen, wie wir es auch in seinen Fehlern annehmen, prägt zutiefst die spätere Gottesbeziehung. Ein Kind, dessen Rückgrat durch rigorose Gehorsamserziehung gebrochen wurde, kann nur schwer zur Freiheit der Kinder Gottes gelangen. Und wie soll ein Kind, das in tiefe Minderwertigkeitsgefühle verschlossen ist, etwas von dem Gott ahnen, der uns – wie die Schrift sagt – aus der Finsternis in sein wunderbares Licht gerufen hat? Die ersten Lebenserfahrungen eines Kindes, die Erfahrungen, die es mit seinen Eltern, seiner Umwelt macht, sind schon verschlüsselte Gotteserfahrungen.

Entscheidend für den Glauben Ihres Kindes ist also nicht das, was Sie ihm inhaltlich über Gott sagen, entscheidend ist vielmehr die Beziehung, die es zwischen Gott und Ihnen spüren kann. Hinter der Liebe der Eltern wird etwas sichtbar von der Liebe Gottes. Eltern, die sich selbst in Gott geborgen fühlen, teilen dem Kind etwas von dieser Geborgenheit mit. Wenn Eltern ihr Kind ermutigen, wenn sie ihm etwas zutrauen, dann wird darin etwas sichtbar von dem Gott, der uns soviel zutraut, von dem Gott, der will, daß wir das Leben in Fülle haben. Wenn Eltern versöhnt mit ihren eigenen Fehlern und Schwächen leben, weil sie an die Barmherzigkeit und Vergebung Gottes glauben, dann kann auch das Kind aufatmen und ein wenig von dem spüren, was wir „Erlösung" nennen.

Noch bevor Sie also mit Ihrem Kind gesprochen haben, noch vor allem Religionsunterricht und vor aller Katechese haben Sie Gotteserfahrungen vermittelt. Im natürlichen Umgang mit Ihnen erfährt Ihr Kind Ihren Glauben und auch Ihren Gott mit. Denn Sie können Ihrem Kind nicht *den* Gott, sondern immer nur *Ihren* Gott vermitteln. „Einen Gott, den es gibt, gibt es nicht", sagt Dietrich Bonhoeffer. Und er meint damit, wir können über ihn nicht sprechen, wie wir über die anderen Gegenstände dieser Welt sprechen. Wir können einem Kind nicht von Gott erzählen, wie wir ihm von den Eskimos berichten: Keiner von uns hat sie je gesehen, und doch glauben wir, daß es sie gibt. Die Wirklichkeit Gottes erfährt das Kind daran, wie wirk-lich, das heißt wie wirksam Gott in unserem Leben ist. Wenn Gott im Leben der Eltern nicht wirkt, dann ist er auch für das Kind nicht wirk-lich.

Wenn wir dann versuchen, das Geheimnis „Gott" auch in Worte zu fassen und zur Sprache zu bringen, dann kann dies nur behutsam und tastend geschehen. Jede Selbstverständlichkeit, jedes So-Tun, als wüßten wir genau, wer Gott ist und was er will, ist fehl am Platz, erst recht jeder Mißbrauch des Namens „Gott" für Erziehungszwecke. Besser als jedes Reden *über* Gott kann das Reden *mit* Gott Kinder an dieses Geheimnis heranführen. Auch wenn sie selbst noch gar nicht beten können, ahnen sie doch aus dem Beten der Eltern etwas von jener geheimnisvollen Macht, vor der selbst der so mächtige Vater das Knie beugt und in der die so viel Geborgenheit schenkende Mutter selbst noch einmal geborgen ist.

Kinder nicht um Gott betrügen

Die Erstkommunion Ihres Kindes kann für Sie der Anlaß sein, die Frage nach Gott für sich selbst neu zu stellen. Viel hängt davon ab. Sie müssen entscheiden, ob Sie Ihrem Kind für sein Leben einen Horizont und ein Angebot der Welt- und Lebensdeutung mitgeben, die offen sind für das Geheimnis, das wir „Gott" nennen.

Der Religionspädagoge Albert Biesinger hat ein sehr lesenswertes Buch veröffentlicht, das unter dem bezeichnenden Titel steht: „Kinder nicht um Gott betrügen". Dort findet sich folgender Brief:

„Liebe Mutter! Seit einigen Tagen kann ich nur noch eine halbe Stunde im Bett sitzen, sonst liege ich fest. Das Herz will nicht mehr. Heute früh sagte der Professor etwas – es klang so nach ‚gefaßt sein'. Worauf? Es ist sicher schwer, jung zu sterben! Gefaßt muß ich darauf sein, daß ich am Wochenanfang ein Gewesener bin – und ich bin nicht gefaßt. Die Schmerzen wühlen fast unerträglich; aber wirklich unerträglich dünkt es mich, daß ich nicht gefaßt bin. Das Schlimmste ist, wenn ich zum Himmel aufblicke, ist er finster. Es wird Nacht, aber kein Stern glänzt über mir, auf den ich im Versinken blicken könnte. Mutter, ich war nie gottesfürchtig; aber ich fühle jetzt, daß da noch etwas ist, das wir nicht kennen, etwas Geheimnisvolles, eine Macht, der wir in die Hände fallen, der wir antworten müssen auf alle Fragen. Und das ist meine Qual, daß ich nicht weiß, wer das ist. Wenn ich ihn kennen würde! Mutter, weißt Du noch, wie Du mit uns Kindern durch den Wald gingst bei einbrechender Dunkelheit, dem Vater entgegen, der von der Arbeit kam? Wir liefen Dir manchmal davon und sahen uns plötzlich allein. Schritte kamen durch die Finsternis – welche Angst vor den fremden Schritten! Welche Freude, wenn wir den Schritt erkannten als den Deinen, den der Mutter, die uns liebte. Und nun höre ich wieder in Einsamkeit Schritte, die ich nicht kenne. Warum kenne ich sie nicht?
Du hast mir gesagt, wie ich mich kleiden muß und wie ich mich im Leben verhalten muß, wie man ißt, wie man so durch's Leben

......

27

kommt. Du hast für mich gesorgt; Du wurdest nicht müde über allem Sorgen.

Ich erinnere mich auch, daß Du am Heiligen Abend mit Deinen Kindern in die Christmette gingst; auch an ein Abendgebet erinnere ich mich, das Du mir einige Male vorgesagt hast. Immer hast Du uns zur Ehrlichkeit angehalten. Aber das alles zerfällt mir jetzt wie mürber Zunder. Warum hast Du uns von so vielem gesagt und nicht – von Jesus Christus? Warum hast Du mich nicht bekannt gemacht mit dem Klang seines Schrittes, daß ich merken könnte, ob er zu mir kommt in der letzten Nacht und Todeseinsamkeit? Daß ich wüßte, ob der, der da auf mich wartet, wie ein Vater ist! Wie anders könnte ich sterben!"

(A. Kappler, Brief eines todkranken jungen Mädchens an ihre Mutter. Nach dem Tode des jungen Mädchens von einer Krankenschwester gefunden. Mit Erlaubnis der Mutter weitergegeben, in: A. Biesinger, Kinder nicht um Gott betrügen. Anstiftungen für Mütter und Väter, Freiburg 1994, 5–6.)

Prüfen Sie selbst, was es für Ihr eigenes Leben und für das Leben Ihres Kindes bedeuten könnte, sich festzumachen und zu verankern in dem Geheimnis „Gott", jenem Gott, der sich zu erkennen gegeben hat als der „Ich-bin-für-euch-da". Der Holzschnitt „In manibus tuis" von Walter Habdank bringt es zum Ausdruck. Er nimmt Bezug auf ein uraltes Gebet von Juden und Christen, auf den 31. Psalm, der mit den Worten beginnt:

„*Herr, ich suche Zuflucht bei dir.*
Laß mich doch niemals scheitern; rette mich in deiner Gerechtigkeit!
Wende dein Ohr mir zu, erlöse mich bald!
Sei mir ein schützender Fels, eine feste Burg, die mich rettet ...
In deine Hände lege ich voll Vertrauen meinen Geist; du hast mich erlöst, Herr, du treuer Gott."

(Ps 31,2–4.6)

Walter Habdank, In manibus tuis

Jesus Christus – Gott zeigt sein Gesicht

Die Frage nach dem Glauben ist die Frage, woran wir unser Leben festmachen. Was ist der „Bezugspunkt", nach dem wir unser Leben ausrichten? Von woher deuten wir es? Was ist uns wichtig? Woran hängen wir unser Herz? Wofür setzen wir unsere Kräfte ein, verbrauchen Lebenszeit und Lebensenergie? Nicht oft stellen wir uns ausdrücklich solche Fragen. Doch manchmal tauchen sie auf, und wir werden sie nicht so schnell wieder los.

Jostein Gaarder läßt seinen berühmt gewordenen Jugendroman „Sofies Welt" damit beginnen, daß die jugendliche Sofie Amundsen einen Brief bekommt, auf dem nur drei Worte stehen: „Wer bist Du?" Wer sich auf den Weg macht, diese Frage zu beantworten, rührt an das Geheimnis des Lebens selbst. Wer bin ich? Niemand kommt an dieser Frage vorbei, auch wenn sie oft verdrängt oder mit vordergründigen Antworten vorläufig zum Schweigen gebracht wird. Jostein Gaarder konfrontiert Sofie noch mit weiteren Fragen, z. B. „Woher kommt die Welt?", und die Erzählung, die sich daraus entwickelt, nennt er „Roman über die Geschichte der Philosophie".

Zu allen Zeiten und in allen Kulturen haben die Menschen Fragen gestellt, wie er sie Sofie Amundsen vorlegt: „Wie wurde die Welt erschaffen? Liegt hinter dem, was geschieht, ein Wille oder ein Sinn? Gibt es ein Leben nach dem Tod? Wie sollen wir überhaupt die Antwort auf solche Fragen finden? Und vor allem: Wie sollten wir leben?" (Jostein Gaarder, Sofies Welt, Hanser-Verlag, München-Wien [26]1994, 20).

Man kann solche Fragen „philosophische Fragen" nennen, aber es sind gleichzeitig auch religiöse Fragen. Jede Religion macht den Menschen ein Deutungsangebot, wie sie ihr Leben und die Welt verstehen können. Die Religion spricht von dem, was „uns unbedingt angeht" (Paul Tillich), von dem, was dem Leben Sinn und Grund und Perspektive gibt.

Das Christentum ist eine „Offenbarungsreligion". Das heißt: Die Antwort auf jene Ur-Fragen des Menschen wird nicht allein durch unser Nachdenken gefunden. Das Geheimnis, das wir „Gott" nennen, hat sich selbst geoffenbart. „Offenbarungsreligion", das heißt: Es gibt nicht nur den verzweifelten Schrei des Menschen nach dem namenlosen Gott, sondern es gibt auch den Ruf Gottes an den Menschen. Ja, Gott hat zuerst gesprochen, schon von Beginn der Welt an, wie es die Schöpfungserzählung im ersten Kapitel der Bibel symbolträchtig ausdrückt, und der Mensch kann nur nach Gott rufen, weil er selbst ein Gerufener ist.

Glauben heißt: sein Leben in diesem Gott festmachen, ihm sein Herz schenken, mit ihm den Lebensweg wagen, weil er sich als Jahwe, als „Ich-bin-für-euch-da", als Retter-Gott und Befreier-Gott geoffenbart hat.

Zwei Schritte mußten bis hierher mitgegangen werden:
– Der erste Schritt verlangt, sich überhaupt der „religiösen Frage" zu stellen: nicht zufrieden damit sein, daß die Dinge sind, wie sie sind; nicht aufgehen in den Beschäftigungen, die der Tag mit sich bringt; sich nicht begnügen mit der Oberfläche, mit den scheinbaren Sicherheiten, den pragmatischen Lösungen; sondern staunen, in Frage stellen, nach dem Sinn suchen und dabei jenes Geheimnis ertasten, das der Horizont unseres Lebens ist und aufleuchtet in unseren Fragen, in unserem Suchen, in unserem Staunen.
– Man kann hier stehenbleiben und versuchen, aus diesem geheimnisvollen Horizont heraus das Leben zu deuten und das Leben zu leben. Wer bereit ist, den zweiten Schritt auch noch zu tun, läßt sich auf den An-spruch ein, der ihm aus jenem Geheimnis begegnet: auf den lebendigen Gott, den Unsagbaren, Namenlosen, der seinen Namen den Menschen zusagt, den Unbegreiflichen, der sein Volk ergreift und sammelt und führt und rettet, den Gott, der sich selber offenbart.

Zum Glauben der Christen gehört noch ein dritter Schritt; denn die Offenbarung Gottes hat einen Höhepunkt, wie der neutestamentliche Brief an die Hebräer gleich in seinem ersten Satz betont: *„Viele Male und auf vielerlei Weise hat Gott einst zu den Vätern gespro-*

*chen durch die Propheten; in dieser Endzeit aber hat er zu uns ge-
sprochen durch den Sohn...*" (Hebr 1,1 f). Der „Sohn" – das ist
Jesus Christus. Von ihm haben die Christen ihren Namen. Er gehört
ins Zentrum des christlichen Glaubens.

Jesus Christus – Deutungsversuche und Bekenntnisformeln

„Jesus", auf hebräisch „Jeschuah", heißt übersetzt: „Gott ist
Hilfe". Der Name wirkt wie eine Variation des Gottesnamens
Jahwe, und daß er nicht zufällig gewählt ist, beweist die Tatsache,
daß der Evangelist Lukas diese Namensgebung durch einen Engel
ankündigen läßt (Lk 1,31; 2,21). Im Namen Jesu haben später die
Apostel gepredigt, auf den Namen Jesu wurden die ersten Christen
getauft, und die Apostelgeschichte erzählt davon, daß es zum
Schicksal der ersten Anhänger Jesu gehörte, *„für seinen Namen
Schmach zu erleiden"* (Apg 5,41). Der Verfasser des Epheserbriefs
spricht sogar davon, daß dieser Name erhoben ist *„über jeden Namen, der nicht nur in dieser Welt, sondern auch in der zukünftigen
genannt wird"* (Eph 1,21).
Ein großer Teil des Kommunionunterrichts und des Religionsun-
terrichts wird der Person Jesu gewidmet. Denn in ihm hat sich – das
ist die Grundüberzeugung der Christen – Gott auf einzigartige
Weise den Menschen mitgeteilt, sichtbar und hörbar gemacht, sich
zu erkennen gegeben, sich geoffenbart.
Über alle theoretischen Weltdeutungen hinaus und konkreter und
klarer als alle bisherigen Gotteserfahrungen begegnet uns jetzt ein
Mensch. In ihm verkörpern sich einerseits die jahrtausendealte
Sehnsucht der Menschheit nach Sinn, nach Leben, nach Liebe und
andererseits die Zu-neigung Gottes zu seiner Schöpfung und seine
Hinwendung zu den Menschen.
Zwei Bewegungen finden in Jesus ihren Schnittpunkt: die „aufstei-
gende" Sehnsucht der Menschen nach dem bergenden Geheimnis,
das sie umgibt, die geöffneten Hände, die sich ausstrecken nach
Glück, nach Wahrheit, nach Vollendung, und die „absteigende"

......

Bewegung, in der sich Gott auf die Menschen hin öffnet, zu ihnen in Beziehung tritt, sich selbst hineinbegibt in unsere Welt und Geschichte.

In Jesus kreuzen sich die Linien, die von unten nach oben und von oben nach unten führen. Er ist „wahrer Gott und wahrer Mensch" – auf diese Formel haben es die späteren Glaubensbekenntnisse zu bringen versucht.

Die Sprache gerät hier aber an ihre Grenzen. Schon die ersten Verkündiger des Glaubens hatten ihre Schwierigkeiten, wenn sie anderen erklären wollten, wer Jesus ist. Wenn sie es mit Juden zu tun hatten, griffen sie oft auf bekannte Begriffe des jüdischen Glaubens zurück und versahen Jesus mit Titeln wie „Prophet", „Menschensohn", „Messias". Sprachen sie zu Nichtjuden von Jesus, gebrauchten sie eher Bilder und Vorstellungen des griechischen Denkens.

Neben dem Titel „Messias", in griechischer Sprache „Christus" (= „der Gesalbte"), sind vor allem zwei Bezeichnungen bedeutsam geworden, mit denen die ersten Glaubenszeugen auszusagen versuchten, wer Jesus ist: die Bezeichnungen „Sohn Gottes" und „Herr".

Der Titel „Sohn Gottes" ist im Alten Testament Ausdruck einer besonderen Erwählung und Sendung durch Gott. So wird etwa das Volk Israel selbst von Gott „Sohn" genannt, oder auch der König als Repräsentant Israels kann diesen Titel erhalten, ebenso der Messias. An manchen Stellen des Alten Testaments werden „die Frommen" ganz allgemein „Söhne Gottes" genannt. Diese Hinweise zeigen, daß es sich dabei um eine symbolische Redeweise handelt, die keine biologische Abstammung meint, sondern ein besonders enges Verhältnis ausdrücken will. In diesem Sinne hat auch Jesus selbst Gott seinen Vater genannt: nicht biologisch-physisch verstanden, sondern als Ausdruck einer unüberbietbaren Nähe zu Gott, einer Beziehungseinheit, die ihn gewissermaßen in Gottes Auftrag und an Gottes Stelle reden und handeln läßt.

Auch der Würdetitel „Herr" ist ein Interpretationsversuch, um die Bedeutung der Person Jesu in Worte zu fassen. „Herr", in griechischer Sprache „Kyrios", ist eine Bezeichnung, die im Alten Testament allein Gott zugesprochen wird: Jahwe ist der Herr. Im nichtjüdischen Raum der griechisch-römischen Antike ist Kyrios der Ehrentitel des mächtigsten Mannes der damaligen Welt, des Kaisers von Rom. Vor diesem Hintergrund kann man ermessen, was es bedeutete, wenn die ersten Christen ihren Glauben in dem ältesten Glaubensbekenntnis, das wir kennen, auf die Formel brachten: „*Jesus Christus ist der Herr*" (Phil 2,11).

Damit war alles gesagt. Was später Konzilien und Päpste, Theologen und Katechismen in langen Erklärungen zu entfalten versuchten, konnte Paulus in seinem Brief an die Römer noch in einem einzigen Satz zusammenfassen: „*denn wenn du mit deinem Mund bekennst: ,Jesus ist der Herr' und in deinem Herzen glaubst: ,Gott hat ihn von den Toten auferweckt', so wirst du gerettet werden*" (Röm 10,9).

Ich bin nicht sicher, ob diese bisherigen Darlegungen Ihr besonderes Interesse für Jesus geweckt haben. Zu sehr sind sie geprägt von der traditionellen theologischen Sprache, zu weit scheinen sie entfernt vom „wirklichen Leben". Aber vielleicht ist eines deutlich geworden: Im Zentrum des christlichen Glaubens steht Jesus Christus. An seiner Person, an seinem Leben kommen wir nicht vorbei, wenn wir verstehen wollen, was Christen glauben, wenn wir verstehen wollen, was unsere Kinder am Erstkommuniontag feiern.

Die theologischen Deutungsversuche, die erklären wollen, wer Jesus ist, die dogmatischen Formeln, Katechismustexte und Bekenntnissätze sind nur Tastversuche. Wer sich auf die Suche nach Jesus macht, sollte einen anderen Weg einschlagen: Um zu verstehen, wer Jesus ist, müssen wir uns die Geschichten erzählen lassen, die über ihn im Umlauf sind. Nicht erklärend, sondern erzählend erschließt sich seine Gestalt. Deswegen spielen die Jesusgeschichten im Religionsunterricht und in der Kommunionvorbereitung eine so große Rolle. Wenn Sie als Eltern den Glaubensweg Ihres Kindes mitgehen wollen, sollten Sie die Jesusgeschichten lesen. Sie sind gesammelt in den vier Evangelien des Neuen Testaments.

......

Damit bin ich bei einem praktischen Ratschlag: Besorgen Sie sich eine Bibel oder wenigstens ein Neues Testament. Unter den vielen Ausgaben ist besonders die sogenannte „Einheitsübersetzung" zu empfehlen, die von katholischen und evangelischen Wissenschaftlern gemeinsam erarbeitet worden ist. Dieser Text wird auch offiziell in den katholischen Gottesdiensten verwendet. Beginnen Sie Ihre Lektüre mit dem Markusevangelium. Es ist das älteste und diente den Evangelisten Matthäus und Lukas als Vorlage und Quelle für deren Evangelienfassungen.

Keine Angst vor der Bibel!

Für den, der anfängt, die Bibel zu lesen und sich mit ihr auseinanderzusetzen, ist es hilfreich, eines der zahlreichen Bücher zu Rate zu ziehen, die in das Verständnis der Bibel einführen. Hier müssen einige wenige Hinweise genügen:
Die Bibel umfaßt das Alte Testament und das Neue Testament. Das Alte Testament macht etwa drei Viertel des Gesamtumfangs der Bibel aus, das Neue Testament ein Viertel. Die eigentlichen Jesusgeschichten finden sich in den vier Evangelien, die insgesamt etwa ein Drittel des Neuen Testaments ausfüllen. Die beiden anderen Drittel bestehen aus der Apostelgeschichte, den Apostelbriefen und der Offenbarung des Johannes. Um die Schilderung des Lebens Jesu nachzulesen, haben Sie es also nur mit einem Zehntel des Gesamtumfangs der Bibel zu tun.
Die Bibel steht als ein Buch im Bücherregal. Sie ist aber in sich selbst eine ganze Sammlung unterschiedlicher Bücher, die zu unterschiedlichen Zeiten entstanden sind und unterschiedliche Verfasser haben.
Gewöhnlich ordnen wir Bücher bestimmten literarischen Gattungen zu. Es gibt Romane, Sachbücher, Liederbücher, Tagebücher, Biographien, Briefsammlungen, Reiseberichte usw. Wo soll man die Bibel einordnen? Bei den Geschichtsbüchern oder bei den Märchen, bei den Gebetbüchern, Lebensbeschreibungen, Gedichtbän-

......

den oder Predigtsammlungen? Am besten in keinem dieser Regale. Die Bibel ist nämlich selbst wie eine kleine Bibliothek. Sie enthält Lieder und Gebete, aber auch Geschichtsdarstellungen, Rede-sammlungen, Lebensregeln, Briefe, Legenden und vieles andere. Dies ist für das jeweilige Verständnis einer Bibelstelle wichtig. Denn wer einen Roman mit einem Geschichtsbuch verwechselt oder um-gekehrt, mißversteht den Inhalt völlig. Wir kennen das ja auch aus dem Alltag: Wer etwa einen Witz nicht als Witz erkennt, sondern das Erzählte für bare Münze nimmt, verfehlt den Sinn und versteht nicht, was gemeint ist. So gehört es heute zum Verständnis der Bibel dazu, daß man die literarische Gattung eines Textes beachtet, nach seiner Aussageabsicht fragt, seine Entstehungsbedingungen unter-sucht und vieles mehr. Eine gute Einführung bietet: Gerhard Loh-fink, Jetzt verstehe ich die Bibel, Verlag Katholisches Bibelwerk, Stuttgart [13]1986 (Geb. mit Abb.), als Stuttgarter Taschenbuch 11, 1992 (Kt.)

Der häufigste „Anfängerfehler" bei der Bibellektüre besteht darin, die Wahrheit der Bibel immer nur als *historische* Wahrheit zu ver-stehen, also das ganze Interesse allein auf die Frage zu richten, ob das, was da geschrieben steht, „auch wirklich so passiert ist". Da-mit wird aber oft die eigentliche Aussageabsicht verfehlt. Niemand käme doch auf die Idee, ein Gedicht ausschließlich danach zu unter-suchen, ob der lyrische Inhalt auch historisch wahr sei. Die Aussage des Gedichtes liegt meistens auf einer anderen Ebene.

Auch Märchen, so stellen wir heute fest, enthalten oft eine tiefe Wahrheit, die aber auf der historischen Ebene nicht zu finden ist. Das berühmte Sterntaler-Märchen der Brüder Grimm zum Beispiel kann historisch gesehen nicht wahr sein; denn es ist unmöglich, daß auf einmal die Sterne vom Himmel fallen und sich in lauter harte blanke Taler verwandeln. Die Lebensweisheit aber, daß Teilen glücklich machen kann, daß die Freude, die wir schenken, ins eigene Herz zurückkehrt, daß am Ende die Schenkende selbst die am meisten Beschenkte sein kann – diese Lebensweisheit ist durch-aus wahr.

Natürlich ist die Bibel kein Märchenbuch. Der Vergleich mag aber zeigen, daß es in der Tat zu kurz gegriffen ist, Wahrheit nur auf der historischen oder naturwissenschaftlichen Ebene zu suchen. Auch die Kirche hat dies erst mühsam lernen müssen. Galileo Galilei ist zur tragischen Symbolfigur dafür geworden, daß in der Kirche die Wahrheitsebenen nicht immer klar auseinandergehalten worden sind. Inzwischen hat man jedoch längst begriffen, daß etwa die Wahrheit des biblischen Schöpfungsberichts nicht in der Aussage besteht, Gott habe das alles in sieben Tagen vollendet, genau so, wie es beschrieben ist. Die Wahrheit besteht vielmehr in der Botschaft, daß Welt und Mensch sich Gott verdanken, aus seiner Hand hervorgegangen sind und von ihm ins Sein gerufen wurden, mit welchem Weltbild und in welchem Vorstellungshorizont man sich das auch immer ausmalen mag.

Es geht der Bibel in erster Linie um *theologische* Wahrheit, um Glaubens- und Lebenswahrheit oder – wie die Tradition es nennt – um „Heilswahrheit", das heißt: nicht um die detailgetreue historische Protokollierung von Ereignissen, sondern um deren Deutung aus der Perspektive des Glaubens. Dies gilt auch für die Geschichte von Jesus.

Gemälde, nicht Fotos von Jesus

Zweifellos finden sich in den Evangelien zahlreiche historische Informationen über den „Propheten aus Nazaret", doch das historische Interesse steht nicht an erster Stelle. Die Evangelien sind Glaubenszeugnisse, keine historischen Berichte. Die Evangelisten sehen Jesus mit den Augen des Glaubens, nicht durch die Brille von historischen Biographen. Im Klartext: Nicht alle Worte und Taten, die sie von Jesus erzählen, sind wirklich so gesagt und so getan worden, wie es der Wortlaut besagt.

Keiner der Evangelisten hat Jesus persönlich gekannt, keiner war Augenzeuge. Das älteste Evangelium wurde erst 40 Jahre nach Jesu Tod niedergeschrieben. Es malt ein Bild von Jesus – und so tun es auch die anderen Evangelien –, wie es dem überlieferten Glauben der Gemeinde entspricht. Die Jesusgeschichten der Evangelien sind Resultate des Glaubens, und sie wollen Glauben wecken. Die Wahrheit, die sie enthalten, reicht tiefer als an die Oberfläche historischer Fakten.

Ein Vergleich mag das verdeutlichen: Der Maler Rembrandt war einer der genialsten Porträtisten, die wir aus der Malerei kennen. Uns sind verschiedene Porträts erhalten, die er von seinen Eltern oder von seiner Frau Saskia angefertigt hat. Stellen wir uns in einem Gedankenexperiment vor, es hätte damals schon die Möglichkeit gegeben, Fotografien herzustellen, und wir könnten jetzt die Fotos mit den von Rembrandt gemalten, gezeichneten oder radierten Porträts vergleichen. Welches Bild könnte uns besser die „Wahrheit" über Rembrandts Eltern und seine Ehefrau vermitteln: die fotografischen Dokumente oder die vom Sohn beziehungsweise Ehemann erstellten Bildnisse?

Historisch korrekter wären in jedem Fall die Fotos, und doch werden die liebenden Augen des Sohnes, des Gatten die dargestellten Personen anders und tiefer sehen als das Objektiv des Fotoapparats. Und das Bild, das aus dem Herzen des Sohnes und Ehemannes heraus und mit den Ausdrucksmitteln eines genialen Künstlers gestaltet wurde, wird die „Wahrheit" der abgebildeten Menschen, ihre Persönlichkeit, ihr Wesen, treffender zum Vorschein bringen, als das historisch zuverlässige Foto es vermag.

So sind auch die Evangelien kunstvolle Gemälde, keine Fotos von Jesus. Sie zeigen ihn so, wie die ersten Gläubigen ihn sahen. Sie bleiben nicht an der historischen Oberfläche, sondern lassen die tiefe Wahrheit seiner Person aufleuchten.

Erste Schritte im Umgang mit der Bibel

Werfen Sie einen Blick in die Bibel.
Stellen Sie anhand des Inhaltsverzeichnisses fest, wie viele einzelne „Bücher" das Alte Testament enthält. Lesen Sie einige
Abschnitte nach, und versuchen Sie herauszufinden, um welche
„literarische Gattung" es sich handelt (Beispiel: Buch Exodus,
Bücher der Könige, Psalmen, Buch der Weisheit, Prophet Jesaja).
Vergleichen Sie einen Abschnitt aus dem Markusevangelium
mit einem Abschnitt aus dem Römerbrief des Apostels Paulus.
Welche Unterschiede fallen Ihnen auf?

Jesus – ein Steckbrief

Die Umrisse des Jesusbildes können hier nur in Andeutungen skizziert werden: Um das Jahr 30 tritt in Galiläa ein junger Wanderprediger auf, der Ähnlichkeiten hat mit einem Propheten oder auch mit
einem Rabbi, aber sich in keine dieser Klassifizierungen ganz einordnen läßt. Als Kernstück seiner Predigt verkündet er die Botschaft, daß Gottes Gegenwart und Nähe mit seinem Auftreten aufzuleuchten beginnen. *„Die Zeit ist erfüllt, das Reich Gottes ist
nahe"* – so faßt Markus diese Botschaft zusammen (Mk 1,15).
Mit „Reich Gottes" oder – anders übersetzt – „Herrschaft Gottes"
ist ein Schlüsselwort der Predigt Jesu genannt. Wo Gott in der Welt
präsent wird, wo seine Nähe aufscheint, wo seine „Herrschaft" Fuß
zu fassen beginnt, da kommt Bewegung in den Lauf der Dinge, da
ändert sich die Lebenssituation der Menschen, relativieren sich alte
Werte und wird ein neues Verhalten möglich.
Wer nach den Maßstäben des jüdischen Gesetzes bisher als Sünder
galt, dem spricht Jesus die Nähe und Zuwendung Gottes zu. Ausgestoßene und Ausgegrenzte sehen sich von Jesus in die Mitte geholt.
Er kehrt zum Essen bei denen ein, die von den frommen Juden

ängstlich gemieden wurden, und deutet dies als Zeichen dafür, daß bei Gott die Verlorenen wiedergefunden sind und die scheinbar Toten neue Lebensmöglichkeiten erhalten haben. Wie selbstverständlich nimmt er die Vollmacht für sich in Anspruch, im Namen Gottes Sünden zu vergeben, und als ihm die Schriftgelehrten und Pharisäer Vorwürfe machen, antwortet er: *„Ich bin gekommen, um die Sünder zu rufen, nicht die Gerechten"* (Mk 2,17).

Jesus sagt die Nähe Gottes an, aber er macht sie auch durch sein Verhalten sichtbar. Er heilt Kranke zum Zeichen dafür, daß die Herrschaft von Krankheit und Schuld ein Ende hat, wenn Gottes Herrschaft sich aufzurichten beginnt. Wo Gott allein der Herr ist, da können nicht mehr Menschen über Menschen herrschen, da muß selbst die Herrschaft des jüdischen Gesetzes zurücktreten, und der Mensch ist wichtiger als der Sabbat und die Barmherzigkeit Gottes größer als die frommen Paragraphen der religiösen Überlieferung.

Heilen und befreien – damit läßt sich das Wirken Jesu auf einen Nenner bringen. In seinen Gleichnissen interpretiert er dieses Verhalten als Gottes eigenen Willen. Wo Gott selbst nahe gekommen ist, sich den Menschen zuwendet, mit seiner Kraft und seiner Liebe in Erscheinung tritt, da können die Armen seliggepriesen werden, da dürfen die Trauernden sich freuen, da können die Kranken nicht mehr krank und selbst die Toten nicht mehr tot bleiben.

Zu den „Wundern" Jesu sei nur so viel gesagt: Historisch sicher ist die Tatsache, daß Jesus Dinge getan hat, die in den Augen seiner Zeitgenossen als „Wunder" galten. Der historische Nachweis für die einzelnen Wunder, die von den Evangelien erzählt werden, ist dagegen schwer zu erbringen. Die naturwissenschaftliche Erklärung – etwa durch psychosomatische Vorgänge o. ä. – ist zweitrangig. Viel wichtiger ist die theologische Deutung, daß mit Jesus tatsächlich die heilende und befreiende Nähe Gottes sichtbar geworden ist. Die Evangelisten wollen die Wunder Jesu als Zeichen der anbrechenden Gottesherrschaft darstellen, haben aber kein Interesse an historischen oder medizinischen Fakten.

Es gibt wenige Gestalten der Weltgeschichte, die die Menschen so fasziniert haben wie Jesus von Nazaret. Auch in unserer Zeit kann man geradezu wellenartig immer wieder einen neuen „Jesus-Boom" feststellen, der sich in der Literatur, in Fachpublikationen, in Filmen niederschlägt.

Man hat oft versucht, Jesus einzuordnen: als Rabbi, als Weisheitslehrer, als Propheten, als politischen Rebellen, Sozialrevolutionär, als den „wahren Mann", den wahren Therapeuten, den wahren Guru. Doch in keine dieser Schubladen läßt er sich stecken. Er verfolgte keine politischen Ziele, doch seine Botschaft ist hochpolitisch; er setzte das jüdische Gesetz nicht außer Kraft, doch in souveräner Distanz setzte er sich darüber hinweg, wenn Gottes Wille für ihn anders lautete; er war weder Arzt noch Therapeut, doch in der Begegnung mit ihm wurden die Menschen heil.

Man hat ihn in die Nähe der Qumran-Sekte rücken wollen, doch ein strenger Asket wie die Qumraner konnte er nicht gewesen sein, da ihn seine Gegner als „Fresser und Säufer" und als „Freund der Sünder und Zöllner" schmähten (Mt 11,19). Jesus sprengt die Vereinnahmungsversuche, die ihm einen festen Platz zuweisen wollen. Auch manche kirchlichen Tendenzen sind davon nicht ausgenommen.

Wer so die gängigen Vorstellungen unterläuft, muß anecken. Jesu Botschaft von der grenzenlosen und bedingungslosen Zuwendung Gottes stieß bei den Hütern der religiösen Tradition auf Ablehnung. Sein Anspruch, den Willen Gottes, den er seinen „Vater" nannte, wahrheitsgetreu und vollmächtig zu verkünden, galt ihnen als schlimme Lästerung. Die heilige Ordnung stand auf dem Spiel. Jesus bekam den Widerstand der religiösen Führungsschicht immer deutlicher zu spüren.

Mit seinem letzten Gang nach Jerusalem, in die „Höhle des Löwen", trieb Jesus die Sache auf die Spitze. Doch weil er nicht ablassen wollte, die Liebe Gottes zu predigen, die Kraft der Gottesherrschaft zu beschwören und zum Umdenken aufzurufen, nahm er das drohende Todesschicksal in Kauf. Wie viele Propheten der Vergangenheit, die für ihre Botschaft sterben mußten, wie die Gestalt des „leidenden Gottesknechts" aus dem Alten Testament, der sich

......

opferte für „die vielen", so setzte Jesus sein Leben ein in Treue zu seiner Sendung, in Solidarität zu den Menschen, im Glauben an Gott, dessen Herrschaft er ausgerufen hatte in seinen Worten und Taten.

Bevor Jesus hingerichtet wurde am Kreuz, feierte er ein Abschiedsmahl mit seinen Freunden. Dort vollzog er eine Zeichenhandlung, die bis heute von den Christen in aller Welt heiliggehalten wird: Er brach Brot und teilte es aus, reichte den Becher mit Wein seinen Freunden und deutete dies als Symbol für die Hingabe seines Lebens. Kurz darauf wurde sein Leib wirklich gebrochen und sein Blut vergossen, als er, von der römischen Besatzungsmacht hingerichtet, sein Leben aushauchte am Kreuz.

Doch noch ist die Geschichte nicht zu Ende. Die Anhänger und Freunde Jesu, die sich zunächst, schockiert von dem unrühmlichen Ende ihres Meisters, zerstreut hatten und in ihre Heimatdörfer zurückgekehrt waren, sammelten sich wieder und verkündeten: Jesus lebt. Gott hat ihn auferweckt von den Toten.

Historisch faßbar sind für uns zwei Fakten: die Kreuzigung Jesu und die Tatsache, daß seine Jünger behaupteten, er sei auferstanden. Viele Erklärungen hat man versucht, viele Hypothesen aufgestellt: „Scheintod" wurde vermutet, „Betrug" unterstellt, „Halluzinationen" auf Grund psychischer Anspannung diagnostiziert. Doch diese Hypothesen überzeugen nicht.

Offensichtlich haben die Jünger und Jüngerinnen Jesu eine Erfahrung gemacht, die ihr Leben veränderte. Sie kleiden diese Erfahrung in die Worte: „Jesus lebt. Er ist auferstanden und zu Gott erhöht. Er ist bei uns. Er sendet uns aus, sein Leben, seine Gegenwart zu bezeugen." Diese Erfahrung, die man gewöhnlich „Ostererfahrung" nennt, ist der Anfang einer Bewegung, die zur „Kirche" wurde.

Von Ostern her sieht alles anders aus. Im Licht der Auferstehung zeigt sich, wer Jesus wirklich war. Sein Anspruch, seine Sendung sind bestätigt. Der Gott, dessen Nähe er verkündete, hat seine Herrschaft an ihm selber wahr gemacht. Aus dieser „nachösterlichen" Sicht sind die Evangelien geschrieben. Vom Osterglauben her erschließt sich in letzter Tiefe, wer Jesus war, wer Jesus ist. Von jetzt an wird Jesus Christus selbst zum „Inhalt" des Glaubens. In ihm hat Gott sich für immer geoffenbart.

Ein alter Hymnus, den Paulus den Philippern schreibt, faßt zusammen, zu welcher Deutung der Person Jesu die ersten Christen gekommen waren und wie ihr „Glaubensbekenntnis" über Jesus Christus aussah:

„Er war Gott gleich,
hielt aber nicht daran fest, wie Gott zu sein,
sondern er entäußerte sich
und wurde wie ein Sklave
und den Menschen gleich.
Sein Leben war das eines Menschen;
er erniedrigte sich
und war gehorsam bis zum Tod,
bis zum Tod am Kreuz.
Darum hat ihn Gott über alle erhöht
und ihm den Namen verliehen,
der größer ist als alle Namen,
damit alle im Himmel, auf der Erde und unter der Erde
ihre Knie beugen vor dem Namen Jesu
und jeder Mund bekennt:
,Jesus Christus ist der Herr' –
zur Ehre Gottes, des Vaters."

(Phil 2,6–11)

......

Erziehung zum Glauben: das „Adlerherz" wecken

Die Begleitung Ihres Kindes auf dem Weg zur Erstkommunion wird Sie auch mit der Frage konfrontieren, was religiöse Erziehung denn ist, ja was das überhaupt heißt, einen Menschen zu „erziehen". Über vieles könnte man in diesem Zusammenhang reden: über pädagogische Konzepte und Methoden, Entwicklungsstufen, Lernpsychologie und Sozialisationsforschung. Am wichtigsten ist es mir, die Grundhaltung aufzuzeigen, mit der Eltern sowie Erzieherinnen und Erzieher einem Kind, das ihnen anvertraut ist, begegnen sollten. Dazu eine bekannte Geschichte:

Ein Mann – so wird erzählt – fing sich im Wald einen jungen Adler. Er nahm ihn mit nach Hause und steckte ihn zu seinen Hühnern in den Hühnerstall. Und er gab ihm Hühnerfutter zu fressen, obwohl er doch ein Adler war, der König der Vögel.
Nach fünf Jahren kam einmal ein Mann zu Besuch, der etwas von Naturkunde verstand. Dem fiel der Adler auf, und er sagte: „Der Vogel dort ist kein Huhn, sondern ein Adler." „Ja", sagte der Mann, „das stimmt. Aber ich habe ihn zu einem Huhn erzogen. Er ist jetzt kein Adler mehr, sondern ein Huhn." „Nein", sagte der andere, „er ist noch immer ein Adler, denn er hat das Herz eines Adlers. Und das wird ihn hoch hinauffliegen lassen in die Lüfte."
„Nein, nein", sagte der Mann, „er ist jetzt ein richtiges Huhn geworden und wird niemals wie ein Adler fliegen."
Darauf beschlossen sie, eine Probe zu machen. Der vogelkundige Mann nahm den Adler, hob ihn in die Höhe und sagte beschwörend: „Der du ein Adler bist, der du dem Himmel gehörst und nicht dieser Erde: breite deine Schwingen aus und fliege!" – Der Adler auf der hochgestreckten Faust blickte um sich. Hinter sich sah er die Hühner nach ihren Körnern picken, und er sprang zu ihnen hinunter und pickte mit. Der naturkundige Mann gab noch nicht auf. Am nächsten Tag stieg er mit dem Adler auf das Dach des Hauses, hob ihn empor und sagte: „Adler, der du ein Adler bist, breite deine Schwingen aus und fliege!" Aber als der Adler wieder die scharren-

......

den Hühner im Hof erblickte, sprang er zu ihnen hinunter und scharrte mit. – Da sagte der Mann: „Ich habe es dir ja gesagt, er ist ein Huhn und er bleibt ein Huhn."

„Nein", sagte der andere, „er ist ein Adler und er hat noch immer das Herz eines Adlers. Laß es uns noch ein einziges Mal versuchen; morgen werde ich ihn fliegen lassen."

Am nächsten Morgen ging er mit dem Adler vor die Stadt auf einen hohen Berg. Er hob den Adler hoch und sagte zu ihm: „Adler, du bist ein Adler. Du gehörst dem Himmel und nicht dieser Erde. Breite deine Schwingen aus und fliege!" Der Adler zitterte, aber er flog nicht. Da ließ ihn der naturkundige Mann direkt in die Sonne schauen, und plötzlich breitete der Adler seine Schwingen aus, erhob sich mit dem Schrei eines Adlers in die Luft und kehrte nie wieder zurück. (Nach James Aggrey)

Die Geschichte ist eine Parabel für die Suche des Menschen nach sich selbst und dafür, wie Menschen einander bei dieser Suche helfen können. Was der vogelkundige Mann getan hat, ist ein Gleichnis für den Auftrag, den Eltern, ErzieherInnen und SeelsorgerInnen haben, ein Gleichnis auch für die Grundhaltung, aus der heraus sie mit Kindern umgehen sollten. Kinder erziehen heißt, ihnen zu ihrer wahren Gestalt zu verhelfen, das Adlerherz in ihnen zu wecken, sie zu ermutigen, das zu sein, was sie sind. Von der berühmten Pädagogin Maria Montessori stammt der Leitsatz: „Entmutige nie ein Kind!" Die Geschichte vom Adler im Hühnerstall sagt noch mehr: Entmutige nicht nur nie ein Kind, sondern ermutige es. Ermutige es zu sich selbst, ermutige es zu seinen ungelebten Möglichkeiten, ermutige es zu dem Adler, der in ihm steckt. Glaube an das Adlerherz in ihm, auch wenn es selbst noch nicht oder nicht mehr daran glauben kann. Wer Kinder erzieht, dessen erster Auftrag ist es, jedem Kind immer wieder die Botschaft zu vermitteln: Finde dich nicht damit ab, wie ein Huhn hinter dem Maschendraht zu leben. In dir steckt mehr, als du ahnst. Begnüge dich nicht damit, das Leben aus der Hühnerperspektive zu sehen. Es geht im Leben um mehr als nur darum, nach Futter zu jagen, im Staub zu scharren, Körner zu pik-

......

ken und Eier zu legen. Das kann nicht alles sein. „Du gehörst dem Himmel und nicht dieser Erde." Gerade dieser letzte Satz ist wichtig. Nicht uns, den Eltern, gehören unsere Kinder. Sie gehören nicht dem Staat, nicht der Gesellschaft, auch nicht der Kirche. Dem Himmel gehörst du, nicht dieser Erde. Das Bild Gottes selbst ist in dir verborgen, und es soll zum Leuchten kommen in deinem Leben.

Für diese tiefe Wahrheit, daß jeder Mensch dem Himmel gehört und nicht dieser Erde, gibt es in der Kirche ein uraltes Symbol: die Taufe. Sie bringt zum Ausdruck, daß wir „Kinder Gottes" sind, von ihm beim Namen gerufen, eingezeichnet in seine Hände.

Mit einer Redewendung sagen wir, daß unsere Kinder „flügge" werden müssen. Unsere Aufgabe als Eltern ist es, ihnen dabei zu helfen. Wir helfen ihnen am besten, wenn wir stellvertretend für sie an den Adler in ihnen glauben, den Adler wahrnehmen, wo sie selbst nur das Huhn sehen können, wenn wir zum Anwalt ihrer wahren Bestimmung werden.

Daß die Wirklichkeit öfter hinter diesem Ideal zurückbleibt, muß nicht eigens betont werden. Gehorsam und gute Manieren, bürgerliche Wohlanständigkeit und stromlinienförmige Anpassung gelten oft mehr als der Mut, sich in die Weite des Himmels hinauszuwagen. Oft werden die Flügel eher gestutzt, als daß Menschen ermutigt werden, ihrer Adlerkraft zu vertrauen und den Hühnerstall zu verlassen.

Demian, die Hauptfigur in Hermann Hesses gleichnamiger Erzählung, hat am eigenen Leib erlebt, wie schmerzhaft ein solcher Prozeß der Befreiung sein kann: „Ich wollte ja nichts als das zu leben versuchen, was von selber aus mir heraus wollte. Warum war das so sehr schwer?" Es ist so schwer, weil die Freiheit des weiten Himmels zunächst ängstigen kann, weil das Leben im Hühnerstall sicherer, geordneter und bequemer erscheint. Der Maschendraht schützt, das Futter kommt regelmäßig, und die Gemeinschaft der Hühner vermittelt ein Gefühl von Heimat und Zugehörigkeit. Eltern, Erzieherinnen und Erzieher sollten Kinder ermutigen, trotzdem den Blick über den Zaun zu wagen.

······

Aufwecken, nicht anpassen!

Was die Geschichte vom Adler erzählt, bringt auf andere Weise der Film „Der Club der toten Dichter" zum Ausdruck. Er spielt im Internat einer Elite-Schule in den Vereinigten Staaten. Der Direktor ist stolz auf die vier Grundprinzipien Tradition, Ehre, Disziplin und Leistung, auf denen der gute Ruf der Schule beruht. Die Schüler stehen unter rigorosem Leistungsdruck. John Keating, der neue Englischlehrer, bringt das System durcheinander. Er vermittelt Literatur auf eine ganz ungewohnte Weise. Er lehrt die Schüler, Freude an der Sprache zu finden, und ermutigt sie, auch ihre eigenen Gedanken poetisch zu äußern. Sie analysieren nicht mehr nur fremde Gedichte, sondern fangen auch an, eigene Gedichte zu schreiben. Gefühle, Leidenschaften und Sehnsüchte werden nicht mehr ausgeklammert, sondern haben jetzt auch einen Platz in der Schule, einen Platz im Leben. Keating läßt einmal seine Schüler auf die Bänke steigen, damit sie sinnfällig erleben, wie die Welt aus einer neuen Perspektive aussieht. Ein anderes Mal marschiert er mit ihnen auf dem Schulhof im Gleichschritt, um ihnen die Gefahren der Gleichschaltung zu demonstrieren: „Gentlemen, ich möchte, daß Sie Ihren eigenen Rhythmus finden und Ihren eigenen Weg gehen!"
Ein neues Klima entsteht in der Klasse. Selbst Todd Anderson, der schüchternste Schüler, wagt es, poetische Texte zu schreiben, und alle sind erstaunt über seine Ausdruckskraft und seine brillante Sprache. Die Schüler merken überrascht, wieviel Kreativität in ihnen steckt. Sie fangen an, eigene Wege zu gehen, und treffen sich heimlich in einer Höhle, in der sie den „Club der toten Dichter" gründen. Einer der Schüler, Neil Perry, entdeckt sogar ausgeprägtes schauspielerisches Talent bei sich und spielt bei einer Theateraufführung den Puck in Shakespeares „Sommernachtstraum", wofür er tosenden Beifall erhält. Als er diese Begabung weiter entfalten will, verbietet ihm sein Vater strikt alle Schauspielerei, nimmt ihn von der Schule, die ihm angeblich diese Flausen in den Kopf gesetzt habe, und will ihn auf eine Militärakademie schicken.

......

Verzweifelt begeht Neil Selbstmord. Die Schuld wird Mr. Keating zugeschoben: Sein gesamtes Verhalten den Schülern gegenüber wird kritisiert. Er habe sie zu leichtsinnigem und zügellosem Leben inspiriert und die bewährte Schuldisziplin untergraben. Keating muß die Schule verlassen, und der Direktor übernimmt den Englischunterricht.

Bewegend ist die Schlußszene: Mr. Keating betritt zum letzten Mal sein Klassenzimmer, um ein paar persönliche Sachen zu holen. Der schüchterne Todd Anderson steigt plötzlich auf die Bank und ruft: „Er ist nicht schuld gewesen!" Und eine ganze Reihe von Schülern schließt sich dieser symbolischen Geste an, indem sie gegen den wütenden Protest des anwesenden Direktors auf ihre Bänke steigen. „Ich danke euch, Jungs!", sagt Mr. Keating im Hinausgehen, bevor er die Tür hinter sich schließt (nacherzählt nach einem Predigtentwurf von Helmut Gabel in: Franz Josef Stendebach, Klaus Roos [Hg.], Predigthilfen zu den Festen und ausgewählten Gedenktagen des Kirchenjahrs, Matthias-Grünewald-Verlag, Mainz, 1992, 292–297).

Der Film, ein Renner in den Kinos, erzählt ein Beispiel dafür, wie ein Erzieher das Adlerherz in seinen Schülern weckt, wie er sie über den begrenzten Horizont ihres „Hühnerstalls" hinausführt, sie lehrt, ihre Kreativität zu entfalten und sich selbst zu entdecken. Freilich zeigt der Film auch, wie jemand, der solches unternimmt, mit dem System in Konflikt kommt, aneckt, mit Anfeindungen und Sanktionen rechnen muß.

Kinder, deren Adlerherz geweckt wurde, werden nicht mehr so pflegeleicht sein wie vorher, nicht mehr so angepaßt, nicht mehr so „brav". Daß letztlich sogar ein Risiko damit verbunden ist, auch das hat der Film auf betroffen machende Weise mit dem Selbstmord von Neil Perry verdeutlicht.

So mit Kindern umzugehen entspricht nicht nur dem Leitbild einer humanistischen Psychologie oder einer emanzipatorischen Pädagogik, sondern es trifft auch ein Grundanliegen des christlichen Glaubens. Die Würde und die Berufung des Menschen liegt nach christlicher Überzeugung darin, daß Gottes Bild in ihm leuchtet, daß er

......

zur freien Partnerschaft mit Gott gerufen ist und daß ihm der Atem Gottes eingehaucht ist, der Heilige Geist, der ihn erfüllt, ihn führt, ihn in Verbindung hält mit dem lebendigen Gott. Ja, die christliche Tradition spricht sogar davon, daß durch den Heiligen Geist Gott selbst Wohnung genommen hat im Menschen.

Folgerungen für die Erziehung zum Glauben

Die bisherigen Überlegungen sollen in sechs Grundsätzen zusammengefaßt und vertieft werden. Aus diesen sechs Grundsätzen ergeben sich anschließend sechs Anregungen für die religiöse Erziehung, für den Umgang der Eltern mit ihren Kindern auf dem Weg zur Erstkommunion, ja auf dem Weg zum Glauben überhaupt.

Grundsätze

► *Das „Zeugnis des Lebens" ist in der Glaubensvermittlung wichtiger als kluge Worte und pädagogische Maßnahmen. Innere Einstellungen und Haltungen werden am stärksten durch Nachahmung und Identifikation erlernt. Das heißt: Der Glaube oder der Unglaube der Eltern färbt – gleichsam automatisch – auf die Kinder ab.*

Unter „Erziehung" versteht man landläufig ein geplantes pädagogisches Handeln, das mit Hilfe bestimmter Methoden ein bestimmtes Ziel erreichen will. Neben dieser bewußt gesteuerten und beabsichtigten Erziehung gibt es aber auch noch eine andere Art, eine sozusagen ungeplante und unbeabsichtigte Erziehung. Es ist ja eine von allen Eltern beobachtete Tatsache, daß sie ihre Kinder auch dann erziehen, wenn sie es gar nicht wollen und gar nicht merken. Durch Wahrnehmung von Stimmungen und Gefühlen, durch das Vorbild, durch die Art und Weise, wie Eltern sich verhalten und mit dem Kind umgehen, werden – meist unbeabsichtigt – Lernprozesse in Gang gesetzt, die ein Kind zutiefst prägen. Gerade in den ersten Lebensjahren liegen entscheidende Impulse für die kindliche Entwicklung im Bereich dieser unbeabsichtigten, „atmosphärischen" Erziehung. Das familiäre Klima, die spontanen Verhaltensmuster, die Reaktionen und Gegenreaktionen auf bestimmte Situationen prägen ein Kind oft stärker als die direkten Erziehungsmaßnahmen.

▶ *Daraus ergibt sich: Du kannst deine Kinder nicht gegen deine eigene Einstellung, nicht gegen deine eigene Lebenspraxis zum Glauben erziehen. Oder positiv formuliert: Wenn du deine Kinder zum Glauben erziehen willst, dann fange zuerst selbst an zu glauben.*

Wenn nicht die pädagogischen Maßnahmen, sondern die atmosphärischen Bedingungen entscheidend sind für die Vermittlung von Einstellungen und Haltungen, dann tragen die Eltern Verantwortung für jenes Familienmilieu, in dem die ungesteuerten Lernprozesse ablaufen und in dem Kinder sich entwickeln. Es ist eine alte pädagogische Weisheit, daß Erzieherinnen und Erzieher nicht so sehr durch das wirken, was sie aus pädagogischen Gründen *tun*, sondern mehr durch das, was sie *sind*. Die Persönlichkeit der Eltern, die Art, wie sie leben, wie sie miteinander umgehen, wie sie mit sich selbst umgehen, strahlt aus und hinterläßt Wirkungen von großer erzieherischer Tragweite.

▶ *Glauben heißt: In Beziehung zu Gott leben, sich Gott öffnen, ihm „sein Herz geben". Die erste Erfahrung von Gott, die erste Ahnung von dem, was Gott ist, bekommt das Kind durch den Umgang mit seinen Eltern. Gott wird gleichsam indirekt vermittelt. Entscheidend für den Glauben des Kindes ist nicht das, was ich ihm inhaltlich von Gott sage, sondern entscheidend ist die Beziehung, die es zwischen mir und Gott spüren kann. Die Wirklichkeit Gottes kann das Kind nur daran erfahren, wie wirk-lich, das heißt wie wirksam Gott in unserem Leben ist.*

Dieser Gedanke wurde bereits oben ausführlich entfaltet. Nur noch ein ergänzender Hinweis: Auch die Rede Jesu von Gott war in vie-

······
50

len Fällen „indirekt" und „praktisch". Das heißt, Jesus hat keine dogmatische Gotteslehre verkündet, sondern er hat durch sein Verhalten und durch die Deutung seines Verhaltens sichtbar gemacht, wer Gott ist. Indem er sich etwa mit Sündern zum Essen an den Tisch setzte, machte er sichtbar, daß die Zuwendung Gottes die Schranken von moralischem Klassendenken und von Schuld und sündhafter Verstrickung überwindet. Indem er Kranke heilte, machte er sichtbar, daß da, wo die Gegenwart Gottes aufzuleuchten beginnt, Heilung und Befreiung geschieht und neues Leben möglich wird. Den Retter-Gott, den Befreier-Gott verkündete er durch seine Taten, durch sein befreiendes und rettendes Handeln, nicht so sehr durch lange theologische Vorträge über das Gottesbild.

▸ *Glauben lernen heißt zugleich immer auch leben lernen. Der Gott des Glaubens hat sich als „Freund des Lebens" (Weish 11,26) zu erkennen gegeben und in der Auferweckung Jesu endgültig dem Leben zum Sieg verholfen. „Die Ehre Gottes ist der lebendige Mensch", schreibt deshalb der Kirchenvater Irenäus von Lyon. Glaubensvermittlung heißt darum immer auch: das Leben, die Lebendigkeit junger Menschen zu entfalten und zu fördern. Auch das ist mitgemeint, wenn wir vom „Brot des Lebens" sprechen, das unsere Kinder am Erstkommuniontag empfangen.*

Es ist eine geradezu tragische Pervertierung, daß christlicher Glaube meistens eher Gedankenverbindungen wie „Zwang", „Gebote", „Verzicht" auslöst, daß die Vorstellung entsteht, die Lebendigkeit solle eingeschränkt, die Lebensfreude unterdrückt werden. Dabei hatte Jesus seine Sendung einmal gerade damit charakterisiert, daß er gekommen sei, damit die Menschen „*das Leben haben und es in Fülle haben*" (Joh 10,10). Gott ist ein Gott des Lebens. Die „Auferweckung zum Leben" gehört zu den Grundanliegen unseres Glaubens. Gott wird – nach dem Wort des heiligen Irenäus – am meisten dadurch geehrt, daß wir lebendige Menschen werden.

......

▶ *Glauben heißt: den Weg mit Jesus gehen, Jesus nachfolgen. Das hat Konsequenzen: Wer glaubt, übernimmt die Sichtweise Jesu: Die Schwachen, die Armen, die Sünder nehmen den ersten Platz ein. Die Optik der Welt wird bedeutungslos für den, der die Optik Jesu gewählt hat. Der Weg mit Jesus führt unweigerlich auf die Seite der Schwachen.*

Maßstab und Vorbild des christlichen Glaubens ist Jesus Christus. Wer glauben lernen will, wird sich daher zuerst und zuletzt an Jesus orientieren. Mit der Person und dem Leben Jesu bekannt zu machen ist deshalb ein wichtiger Bestandteil der Glaubensvermittlung. Charakteristisch für den Weg Jesu ist die Parteinahme, die er im Namen Gottes zugunsten der Schwachen, Armen und Ausgegrenzten vollzogen hat. Auch das Kreuz als letzte Konsequenz eines solchen Weges kann nicht ausgeklammert werden.

▶ *Wer glaubt, öffnet sich der Gemeinschaft der Glaubenden. „Tischgemeinschaft" mit Jesus und Gemeinschaft mit den Menschen gehören zusammen. Glaube ist deshalb keine Privatsache. Er lebt vom Austausch, vom Gespräch, von der „Tischgemeinschaft" der Eucharistiefeier.*

„Kommunion" bezieht sich auf beides: auf die Gemeinschaft mit Jesus Christus und auf die Gemeinschaft untereinander. Auch „Leib Christi" hat eine Doppelbedeutung: Zum einen wird damit die reale Gegenwart Jesu Christi bezeichnet, sein Leib, den wir im Zeichen des Brotes empfangen, aber „Leib Christi" ist auch eine uralte Bezeichnung für die Gemeinde der Christen. Glaube und Glaubensgemeinschaft gehören zusammen. In der Eucharistiefeier wird diese Gemeinschaft sichtbar. Darin liegt letztlich auch die Begründung des „Sonntagsgebots": Eine Gemeinschaft lebt von der Begegnung, von der Kommunikation, von der wechselseitigen Bestätigung und Stütze.

▶ *Vertraue auf die Kraft deiner „Ausstrahlung". Versuche nicht krampfhaft, an deinen Kindern herumzuerziehen, sondern versuche, dein eigenes Leben zu vertiefen.*

Das ist die Konsequenz aus dem Grundsatz, daß das „Zeugnis des Lebens" für die Glaubensvermittlung entscheidend ist. Jede Erziehung ist ja an erster Stelle „Selbsterziehung der Erzieher". Erst recht gilt das für die religiöse Erziehung. Als Eltern werden Sie Ihre Kinder dann am besten auf dem Weg zur Erstkommunion begleiten können, wenn Sie sich selbst intensiv einlassen auf den Weg des Glaubens.

▶ *Begreife die Erstkommunion als Chance für dich selbst. Geh auf Entdeckungsreise, mache dich auf die Suche nach deinem eigenen Glauben. Laß dich nicht abschrecken durch das wenig attraktive Erscheinungsbild der Kirche und der Christen. In der schäbigen Verpackung verbirgt sich ein kostbarer Inhalt. Aber du mußt ihn suchen, hartnäckig und mit Geduld. Du brauchst den Kindern nichts vorzuspielen. Es genügt, wenn sie spüren, daß du mit ihnen auf der Suche bist.*

Viele Theoretiker der Gemeindekatechese weisen darauf hin, daß bei der Hinführung von Kindern zur Erstkommunion die Arbeit mit den Eltern an erster Stelle steht. Wenn es gelingt, Sie als Eltern zu motivieren, von neuem oder vertieft auf die Suche zu gehen nach Ihrem Glauben, auf die Suche danach, was Ihr eigenes Leben prägt, wie Sie Ihr Leben deuten und woran Sie es orientieren, dann werden Ihre Kinder automatisch angesteckt und auf den Weg mitgenommen.

▶ *Stelle dich der Frage nach Gott. Fang da an, wo du meinst, den „Zipfel seines Gewandes" fassen zu können. Sprich mit Gott, ringe mit ihm, laß nicht los von ihm. Lies die Begegnungsgeschichten mit Gott in der Bibel nach, unterhalte dich mit anderen*

Menschen über ihn und über Fragen des Glaubens. Laß deine Kinder teilhaben an deiner Suche nach Gott. Zeige ihnen, was er für dein Leben bedeutet.

Wieder geht es bei dieser Anregung um den eigenen Glauben. Im Zentrum steht die Gottesfrage. Sie wird so oft verdeckt durch Äußerlichkeiten, durch kirchliche Nebenthemen und theologische Randfragen. Wer zur Mitte vorstoßen will, wer wirklich zur Auseinandersetzung über seinen Glauben bereit ist, kommt an der Frage nach Gott nicht vorbei.

▶ *Pflege die Lebendigkeit deiner Kinder. Hilf ihnen, das Leben in seiner Vielgestaltigkeit zu entdecken. Fördere in allen Bereichen ihre Kreativität und Lebensfreude.*

Weil glauben lernen und leben lernen zusammengehören, darf man alles, was die Lebendigkeit, die Lebensfreude und die Lebensentfaltung von Kindern fördert, zur „religiösen Erziehung" rechnen. Sport treiben und dabei den Körper spüren, ein Musikinstrument spielen lernen, malen, töpfern, gestalten, singen, lachen, spielen, die Natur erleben, den Wind in den Haaren spüren, Gartenerde umgraben, den Vögeln lauschen, eine Träne, ein Kuß, ein Lied – auf vielerlei Weise können wir Leben spüren und Lebendigkeit pflegen.

▶ *Frage dich nach den Konsequenzen deines Glaubens für deinen Lebensstil. Auch die Kinder sollen erleben, daß der Glaube nach Antwort verlangt. Im Umgang mit anderen Menschen, im sozialen und politischen Engagement bewahrheitet sich der Glaube. Hier können Kinder entdecken, daß Christentum nicht nur Folklore oder Pflege unverbindlicher Gefühle ist. Wenn der Glaube folgenlos bleibt, wird er sich schnell verflüchtigen. Übe aber keinen Leistungsdruck aus. Die „Moral" darf den Glauben nicht ersticken.*

Der Glaube soll nicht „vermoralisiert" werden. Das ist in der Vergangenheit leider oft geschehen. Trotzdem: Der Glaube ist nicht nur eine Sache des Bewußtseins. Er zeigt sich und bewährt sich im

......

Handeln. Wer Gott sein Herz geöffnet hat, wer den Spuren Jesu folgt, dessen Leben wird sich ändern. Es ist wichtig, daß auch unsere Kinder etwas davon spüren. Im Lebensstil wird der Glaube konkret. Hier zeigt sich sein „Ernstcharakter". Der Glaube ist mehr als nur das Gefühl: „Jesus Christ makes me happy."

▶ *Suche die Gemeinschaft der Mitglaubenden. Im Kreise „Gleichgesinnter" stabilisiert und vertieft sich der Glaube. Sorge dafür, daß deine Kinder Begegnungsmöglichkeiten finden in Gruppen und Kreisen der Gemeinde, in Gottesdiensten und Treffen. Interessiere dich für ihren Glauben, frage nach, was im Religionsunterricht, in der Gruppenstunde, in der Predigt dem Kind aufgegangen ist. Nimm es als Partner im Glauben ernst.*

Hier kommt die Bedeutung der Gemeinde ins Spiel. Hinführung zur Erstkommunion gelingt dann am besten, wenn möglichst häufig Vernetzungen mit der Gemeinde ermöglicht werden. Eine Jugendgruppe, ein Kindertreff, ein Gruppengottesdienst können Möglichkeiten für solche Vernetzungen sein. Glaube wächst, wenn er von anderen gestützt wird. Neben dem Elternhaus gewinnt gerade im Jugendalter die Gruppe der Gleichaltrigen immer mehr Bedeutung. Auch die Gesamtgemeinde muß stärker als bisher ihre Verantwortung für den Glauben der heranwachsenden Kinder sehen und wahrnehmen. Oft werden zum Beispiel die Kommunionkinder in einem Gottesdienst der Gemeinde vorgestellt. Manchmal wirken auch Männer und Frauen aus der Gemeinde bei der Kommunionvorbereitung mit. Das ist wichtig, weil die Gemeinschaft, die Gemeinde, von der im Kommunionunterricht so viel geredet wird, für die Kinder auch erfahrbar sein muß.

Zum Nachdenken

Welche der Grundsätze oder Anregungen sind mir besonders wichtig?

Wie könnte ich sie ganz konkret umsetzen?

Wo will ich meinen Lebensstil oder meinen „Erziehungsstil" ändern?

Worüber würde ich gerne mit anderen Eltern weiter diskutieren?

Eucharistie – Zeichen der Nähe Gottes

In der bildhaften Sprache der kirchlichen Tradition wird das, was bei der Erstkommunion geschieht, oft mit der Wendung umschrieben: Die Kinder dürfen zum erstenmal zum „Tisch des Herrn" gehen. Sie feiern die heilige Messe mit und empfangen zum ersten Mal mit der übrigen Gemeinde die Kommunion, den Leib und das Blut Jesu Christi.

Vielen Menschen, die nicht so vertraut mit dem christlichen Glauben sind, erscheint dieser Vorgang merkwürdig und unverständlich. Es ist nicht einfach, „Außenstehenden" zu erklären, was da eigentlich geschieht. Die traditionellen Formeln, daß Brot und Wein nur äußere Zeichen sind, deren Wesen aber verwandelt wurde in Christi Fleisch und Blut, lassen das alles für viele noch undurchsichtiger und mysteriöser erscheinen.

Im Mittelalter war die Lehre von der „Transsubstantiation" aufgekommen: die Vorstellung, die „Substanz" von Brot und Wein habe sich durch die Wandlung in der heiligen Messe verändert, sei nicht mehr Brot und sei nicht mehr Wein, sondern Leib und Blut Jesu Christi, oder anders gesagt: In den Gestalten von Brot und Wein wird Jesus Christus selbst gegenwärtig.

......

Wie soll man das Kindern vermitteln? Wie soll man das selber verstehen? Können Sie als Eltern damit etwas anfangen?

Vielleicht hilft es, wenn wir im Kalender des Kirchenjahres 10 Tage vor den sogenannten „Weißen Sonntag" zurückgehen. In der ganzen Christenheit wird an diesem Termin der „Gründonnerstag" gefeiert, der mit einer besonderen Erinnerung verbunden ist. „Erinnerung" ist überhaupt ein Schlüsselwort, um die Eucharistiefeier, um die Erstkommunion zu verstehen.

Vergangenes wird lebendig

Erinnerungen spielen in unserem Leben eine große Rolle. Wenn ein Mensch stirbt und die Angehörigen beim Leichenschmaus zusammensitzen und sich noch einmal vergegenwärtigen, was der Verstorbene für ein Mensch war, dann fangen sie an, Geschichten von ihm zu erzählen. Es gibt Dinge, die kann man nicht mit Begriffen und Beschreibungen einfangen; die kann man nur deutlich machen, indem man Geschichten erzählt. Wer ein Mensch ist, wird daran deutlich, welche Geschichten man von ihm erzählen kann. Wenn jemand in einer psychischen Krise steckt, mit seinem Leben nicht mehr zurechtkommt, dann wird der Psychotherapeut vor allem Erinnerungsarbeit mit ihm betreiben: Er wird versuchen, die verdrängten Geschichten seines Lebens, vor allem die der Kindheit, wieder ans Tageslicht zu holen und in Erinnerung zu rufen.

Es gibt Erinnerungen, die man nicht vergessen darf. Auch Gruppen, ja selbst ganze Völker brauchen solche Erinnerungen, an denen sie sich immer wieder festhalten können.

Für das Volk Israel im Alten Testament gab es eine Erinnerung, die mehr als alles andere den Glauben und das Leben bestimmte: die Erinnerung an die Befreiung aus der ägyptischen Knechtschaft. Mit der Erinnerung dieser Geschichte gab sich das Volk immer wieder Rechenschaft darüber, an welchen Gott es eigentlich glaubte: an den Befreier-Gott, der sein Volk herausgeführt hat aus Ägypten, dem Sklavenhaus.

......

Daß die Erinnerung daran nie abreißt, deshalb feiern die Juden jährlich das Pessach-Fest. Ausdrücklich schreibt ihnen ihre Überlieferung vor: *„An diesem Tag erzähl deinem Sohn: das geschieht für das, was der Herr an mir getan hat, als ich aus Ägypten auszog."* Aber es wird nicht nur erzählt von den Ereignissen der Vergangenheit. Die ganze Feier will das Geschehen von einst in Ägypten in die Gegenwart hereinholen. Wie damals wird ein Lamm geschlachtet und zum Essen bereitet, kommt ungesäuertes Brot auf den Tisch, weil die Zeit in jener Nacht drängte und kein Sauerteigbrot mehr gebacken werden konnte. Bitterkräuter werden gereicht, die daran erinnern, wie bitter das Leben der Väter war unter dem Joch der Ägypter. Salzwasser symbolisiert die Tränen der Israeliten, braunes Mus aus Äpfeln und Zimt erinnert an die braunen Ziegelsteine, die sie in harter Fronarbeit herstellen mußten.

Jahr für Jahr feiern die Juden Pessach und schärfen ihren Kindern ein: Was damals geschehen ist, betrifft auch uns. Auch uns führt der Befreier-Gott heraus aus allem, was unser Leben bedrückt.

Und so hat auch Jesus damals gefeiert, beim Essen des Osterlamms mit seinen Jüngern. Doch in die alten Zeichen fügt er ein neues ein: Er nahm Brot, segnete es und teilte es aus. Dabei sprach er: Das ist mein Leib: So wie ich dieses Brot gebrochen und ausgeteilt habe, so wird mein Leib gebrochen, so werde ich mein Leben hingeben für euch und alle Menschen. Dann reichte er seinen Freunden den Kelch mit Wein und sagte: Das ist mein Blut. So wie ich euch diesen Wein gebe, so gebe ich mein Blut für euch und alle Menschen. Und so geschah es: Sein Leib wurde gebrochen, sein Blut vergossen.

Doch damit ist die Geschichte noch nicht zu Ende. Nach drei Tagen, so erlebten es die Apostel, hatte Gott den Gekreuzigten auferweckt. Als der Lebendige begegnete er ihnen, und sie wußten ihn bei sich.

Immer wieder feierten die Freunde Jesu dieses Abschiedsmahl von damals, brachen das Brot, tranken den Wein, erzählten von Jesus, von seinem Leben, von seinem Tod, von seiner Auferstehung, und wenn sie das taten, dann spürten sie seine Gegenwart in ihrer Mitte,

......

dann war es, als reiche er selbst ihnen das Brot und den Kelch, dann war es, als spräche er von neuem die Worte: Das ist mein Leib, das ist mein Blut.

Bis zum heutigen Tag tun dies die Christen, und was sie da tun, ist mehr als Erinnerung: Es wird Gegenwart. Einmal im Jahr, gerade am Gründonnerstag, wird das auf besondere Weise deutlich. Im Hochgebet betet der Priester: „Denn am Abend, an dem er ausgeliefert wurde und sich aus freiem Willen dem Leiden unterwarf – *das ist heute* –, nahm er das Brot…"

„Das ist heute" – „gefährliche Erinnerung" nennt der Theologe Johann Baptist Metz das, was hier geschieht. Die Erinnerung an jenen Jesus, der die grenzenlose Liebe Gottes verkündete und der sich auch durch den Tod nicht davon abhalten ließ, immer wieder diese Liebe zu predigen, die Erinnerung an jenen Jesus, der sich im Namen Gottes auf die Seite der Armen und Benachteiligten stellte, diese Erinnerung ist gefährlich, weil sie die Satten aufweckt, die Herrschenden beunruhigt und die Frommen provoziert.

Solche Erinnerungen, ja alle Geschichten, haben eine merkwürdige Kraft. Sie tun etwas mit uns, bewirken etwas in uns.

Warum rücken die Kinder näher an die Großmutter und greifen ängstlich nach ihrem Rockzipfel, wenn sie das Märchen vom bösen Wolf erzählt? Warum vergessen Jugendliche Zeit und Hausaufgaben und Abendessen, wenn sie bei der Karl-May-Lektüre mit Winnetou durch das Präriegras schleichen? Warum greifen Erwachsene verstohlen zum Taschentuch, wenn sie im Kino einen bewegenden Liebesfilm anschauen? Weil die Geschichten, die da erzählt werden, auf sie überspringen, weil das Erzählte plötzlich gegenwärtig wird: Der böse Wolf steht im Wohnzimmer, der Jugendliche ist in den Wilden Westen versetzt, die Liebesgeschichte im Kino hat uns so gefangengenommen, daß wir selbst unbemerkt in die Rollen der Liebenden geschlüpft sind.

Erinnerungen, Geschichten haben die Macht, uns in das Erzählte zu verstricken. Die Liturgie erzählt nicht nur „Heilsgeschichte", sondern will sie gleichzeitig auch im Ritus Gegenwart werden lassen. Das liturgische „Heute" spricht dies manchmal sogar direkt aus.

......

„Heute ist uns Christus geboren", wird in der Christmette gesungen. „Dies ist die Nacht", heißt es im großen Lobgesang, der jedes Jahr in der Osternachtfeier vorgetragen wird. Das Geschehen von einst wird gegenwärtig, springt auf die Mitfeiernden über, bezieht sie ein und ergreift sie.

Sakramente sind „gespeicherte Geschichten" mit besonderer Kraft

Eine solche „Vergegenwärtigung" wird noch verstärkt, wenn sichtbare Zeichen mit im Spiel sind. Astrid Lindgren erzählt eine Geschichte, die das für mich verdeutlicht:

„Jenen aber, die jetzt so vornehmlich nach härterer Zucht und straffen Zügeln rufen, möchte ich das erzählen, was mir einmal eine alte Dame berichtet hat. Sie war eine junge Mutter zu der Zeit, als man noch an jenen Bibelspruch glaubte, dieses ‚Wer die Rute schont, verdirbt den Knaben'. Im Grunde ihres Herzens glaubte sie wohl gar nicht daran, aber eines Tages hatte ihr kleiner Sohn etwas getan, wofür er ihrer Meinung nach eine Tracht Prügel verdient hatte, die erste in seinem Leben. Sie trug ihm auf, in den Garten zu gehen und selber nach einem Stock zu suchen, den er ihr dann bringen sollte. Der kleine Junge ging und blieb lange fort. Schließlich kam er weinend zurück und sagte: ‚Ich habe keinen Stock finden können, aber hier hast du einen Stein, den kannst du ja nach mir werfen'..." (Astrid Lindgren, zitiert nach: neue gespräche 13/ 1983, H. 5, 24)

Eine doppelte Erinnerung liegt hier vor: Astrid Lindgren erinnert sich an eine Begebenheit, die ihr eine alte Dame einmal aus ihrer eigenen Erinnerung erzählt hat. Und doch springt auch hier ein Funke auf uns über, geht uns etwas auf, das uns betroffen macht.
Lassen Sie mich einmal weiterphantasieren. Ich stelle mir vor, diese junge Mutter hat jenen Stein aufbewahrt. Er lag auf dem Bord in der Küche, und immer, wenn der Zorn in ihr hochstieg und sie ihr Kind schlagen wollte, brauchte sie nur diesen Stein anzuschauen, und

......
.

ihre Wut war verflogen. Der Stein rief jedesmal die Erinnerung an jene Begebenheit wach. Er wurde für sie zu einem Erinnerungszeichen: zu einem Symbol.

Im alten Griechenland bezeichnete man mit dem Wort „Symbol" einen Ring oder ein Tontäfelchen. Es gab den Brauch, beim Abschied eines Gastfreundes diesen Ring oder dieses Tontäfelchen in zwei Hälften zu zerbrechen und die eine Hälfte dem Freund mit auf den Weg zu geben. Wenn eines Tages er selbst oder sein Sohn oder ein Bote von ihm wieder hier einkehren würde, so sollte die abgebrochene Hälfte mit der anderen zusammengefügt werden und so als Erkennungszeichen dienen.

„Symbolon" – das heißt: „etwas, das wieder zusammengefügt worden ist" –, so nannte man dieses Zeichen. Ein solches Symbolon war aber mehr als ein Ausweis oder Erkennungszeichen. Wenn die beiden Hälften zusammengefügt wurden, dann wurde irgendwie auch die unterbrochene Beziehung wiederhergestellt. Die einstige Begegnung, die einstige Freundschaft begannen in diesem Zeichen wiederaufzuleben, die alte Verbundenheit, die gemeinsamen Erlebnisse von früher wurden wieder wach. Symbole enthalten somit eine Geschichte, und sie helfen mit, daß diese Geschichte wieder lebendig werden kann.

Die christlichen Sakramente sind solche Erinnerungszeichen, solche Symbole, genauer: Symbolhandlungen. Wie jener Stein erinnern sie an eine Begebenheit, enthalten sie eine Geschichte. Im Brechen des Brotes und im Trinken des Weines wird die Geschichte jenes jungen Mannes aus Nazaret lebendig, der sein Leben am Kreuz aushauchte und den Gott von den Toten auferweckte. Und dabei geschieht mehr als Erinnerung. Er selbst wird unter uns lebendig, begegnet uns, teilt sich uns mit, erfüllt uns, verwandelt uns. Das ist das Geheimnis unseres Glaubens, und es ist schade, wenn es vor unseren Kindern so wenig zum Leuchten kommt. Sie sehen – um es mit unserem Beispiel zu sagen – den Stein auf dem Küchenbord, aber sie ahnen nichts von seiner Geschichte.

Natürlich gibt es Unterricht, natürlich gibt es Gruppenstunden. Aber um einen Stein zum Leben zu erwecken, dazu bedarf es mehr.

......

Schicht für Schicht müssen wir uns erst selbst durchgraben durch das oft langweilig erscheinende Ritual der Gottesdienste, bis wir zu jenem Jesus vorstoßen, der sein Leben restlos geteilt hat mit den Menschen, mit uns, bis wir vorstoßen zu jenem Befreier-Gott Israels, der auch uns befreien kann.

In geradezu klassischer Weise wird die Symbolhandlung des Brotbrechens den Emmausjüngern, von denen Lukas erzählt (vgl. Lk 24,13–35), zum symbolon, zum Erkennungszeichen des auferstandenen Jesus. Und es fällt ihnen wie Schuppen von den Augen, und die unterbrochene Beziehung zu dem Gekreuzigten ist auf wunderbare Weise wiederhergestellt. Sie spüren plötzlich ihr brennendes Herz, und alles ist wieder gegenwärtig, was er gesagt und unter ihnen getan hat.

Das Brot, das er zum gemeinsamen Mahl bricht, und der Kelch, den er seinen Jüngern reicht, werden zum Schlüsselsymbol für sein Schicksal und für seine Person: hingegeben für die vielen, Blut des Bundes, Erkennungszeichen der Erlösung.

Doch Jesus nimmt nicht nur Symbolhandlungen vor, er ist selbst Symbol: Erkennungszeichen Gottes. *„Wer mich gesehen hat, hat den Vater gesehen"* (Joh 14,9), läßt Johannes Jesus sagen. Er ist das *„Ebenbild des unsichtbaren Gottes"* (Kor 1,15; vgl. 2 Kor 4,4), der *„Abglanz seiner Herrlichkeit und das Abbild seines Wesens"* (Hebr 1,3).

Aus diesem Grund spricht die Sakramentenlehre der Kirche zu Recht davon, daß Christus das „Ursakrament" ist, das Erkennungszeichen, die personale „Epiphanie", d.h. Erscheinungsweise Gottes. In seinem Licht sehen wir das Licht. Er ist das tiefste und letzte Symbol Gottes. In ihm sind die beiden „Hälften", Gott und Mensch, zusammengefügt.

Abschiedszeichen – Lebenszeichen – Hoffnungszeichen

Die Erstkommunionfeier ist wie jede Eucharistiefeier ein Fest. Kindern läßt sich dieses Fest vielleicht so erschließen:

„Ihr wißt vielleicht, daß es, lange bevor ihr geboren wart und sogar noch bevor euer Vater und eure Mutter geboren waren, eine schlimme Zeit in unserem Land gab: den Krieg. Euer Großvater war damals noch ein junger Mann und eure Großmutter eine junge Frau, und vielleicht haben sie euch schon manchmal von dieser Zeit erzählt. Es gab wenig zu essen und wenig Spielsachen, und die Menschen hatten große Angst vor Fliegerangriffen und Bomben. Viele Männer, viele Väter mußten in den Krieg ziehen. Sie bekamen ein Gewehr und mußten als Soldaten kämpfen.
Oft geschah das so: Eines Morgens klingelte der Postbote und brachte einen Brief. ‚Kreiswehrersatzamt‘ stand als Absender darauf. Als die Kinder von der Schule heimkamen, sahen sie, daß die Mutter weinte und daß der Vater die Koffer packte. In dem Brief hatte gestanden, daß der Vater zu den Soldaten muß.
Es war ein sehr trauriger Nachmittag in der Familie; aber die Mutter sagte, sie wollten am Abend ein kleines Abschiedsfest mit dem Vater feiern. Das Mehl und die Eier reichten gerade noch, um einen Kuchen zu backen; die letzte Flasche Wein wurde aus dem Keller geholt, und die Mutter bereitete einen Festtagsbraten. Und am Abend saß die Familie zusammen und feierte Abschied. Am frühen Morgen, als die Kinder noch schliefen, mußte der Vater schon zum Bahnhof, wo ihn der Soldatenzug mitnahm. Die Stimmung bei jenem Abschiedsmahl war sehr ernst. Wie lange würden sie den Vater nicht mehr sehen? Würden sie ihn überhaupt wiedersehen?
Nach dem Essen, als die Stunde des Abschieds gekommen war, holte der Vater ein Bild hervor, eine Fotografie von sich. Noch am Nachmittag hatte er das Foto aufnehmen lassen, ein Bild von der Größe einer Postkarte, in einem dunklen Holzrahmen. ‚Damit ihr mich nicht vergeßt‘, sagte er leise und reichte das Bild seiner Frau und seinen Kindern.

. . . . . .

Das war der Abschied. Ihr könnt euch denken, daß die Frau und die Kinder am nächsten Tag das Bild sofort aufgehängt haben: im Wohnzimmer, am schönsten Platz, den sie finden konnten. Wochen und Monate vergingen, und oft stand die Mutter, standen die Kinder vor dem Bild und betrachteten es. In Gedanken waren sie dann bei ihrem Vater, und er war ihnen auf einmal im Herzen ganz nahe. Wenn sie das Bild anschauten, dann war es manchmal so, als wäre er bei ihnen, mit seinem fröhlichen Lachen, seinen liebevollen Augen und seiner tröstenden Hand. Und die Mutter erzählte dann den Kindern davon, daß eines Tages die Tür aufgehen und der Vater hereinkommen wird, genauso wie auf dem Bild, und dann würden sie ein Fest feiern und nie mehr auseinandergehen.

So ähnlich war es auch vor fast 2000 Jahren. Auch damals mußte ein junger Mann Abschied nehmen. Er war zwar kein Vater – er hatte keine Frau und auch keine Kinder –, aber er hatte gute Freunde, mit denen er drei Jahre lang zusammengelebt hatte. Von ihnen wollte er sich verabschieden. Zwar mußte er nicht in den Krieg, aber er wußte, daß man ihn noch in der Nacht gefangennehmen und wahrscheinlich töten würde. Ihr habt sicher schon gemerkt, welchen jungen Mann ich meine: Jesus von Nazaret.

Er lud seine Freunde zu einem Abschiedsessen ein. Ein letztes Mal wollte er mit ihnen zusammensein. Nach dem Essen geschah etwas Merkwürdiges. Er schenkte ihnen kein Bild, nein; Fotoapparate gab es damals noch gar nicht. Er tat etwas anderes: Er nahm Brot, segnete es, brach es und teilte es aus. Dabei sprach er: Das ist mein Leib. So wie ich dieses Brot gebrochen und hingegeben habe, so wird mein Leib gebrochen, und so werde ich mein Leben hingeben für euch und alle Menschen. Dann nahm er einen Kelch mit Wein, reichte ihn seinen Freunden und sprach: Das ist mein Blut. So wie ich euch diesen Wein gebe, so wird bald mein Blut vergossen werden für euch und alle Menschen. Dies alles tue ich aus Liebe zu euch; und wenn ihr später zu meiner Erinnerung immer wieder dieses Mahl feiert, dann werde ich mit meiner Liebe bei euch sein.

Damit nahm Jesus Abschied von seinen Freunden, und ihr wißt, wie die Geschichte weiterging: Er wurde gefangengenommen und ge-

. . . . . .

kreuzigt. Sein Leib wurde zerbrochen, sein Blut vergossen. Doch nach drei Tagen im Grab hat Gott ihn von den Toten auferweckt, und er lebt für immer bei Gott.

Die Freunde Jesu haben das alles miterlebt. Erst waren sie traurig, weil Jesus tot war; dann aber freuten sie sich, weil Gott ihn wieder auferweckte. Und vor Freude feierten sie jede Woche einen Festtag. Ihr kennt diesen Festtag: Es ist unser Sonntag. An diesem Tag erinnerten sie sich voll Freude daran, daß Jesus lebt, und sie taten etwas ganz Besonderes: Sie hielten ein Festessen, so wie es Jesus bei seinem Abschied getan hatte. Und sie nahmen wie er Brot, segneten und brachen es und sprachen die Worte: ‚Das ist mein Leib.' Und sie nahmen den Kelch, tranken daraus und sagten wie er: ‚Das ist mein Blut'. Und wenn sie das taten, dann wußten sie: Jetzt ist Jesus bei uns. Und sie spürten im Herzen seine Liebe, sprachen mit ihm, begegneten ihm.

Dieses Fest, dieses heilige Mahl, feierten sie Sonntag für Sonntag, und wir tun es heute noch. Auch bei uns wird nachher der Priester das Brot brechen und den Wein segnen und die Worte sprechen: ‚Das ist mein Leib; das ist mein Blut'. Und Jesus wird bei uns sein. Wir werden in unserem Herzen seine Liebe spüren, und wir werden ihm begegnen im Zeichen von Brot und Wein." (Aus: Klaus Roos, Mut machen zum Leben. Predigten für Kinder, Echter-Verlag, Würzburg 1992, 168 f)

Beten: mein Leben vor Gott bringen

Wenn zwei Menschen sich lieben, drücken sie dies auf vielfache Weise aus. Wer Liebende beobachtet, sieht, wie sie sich zulächeln, wie sie intensiv ins Gespräch vertieft sind, wie sie sich berühren, sich umarmen oder einfach schweigend beieinandersitzen. Die Liebe ist kein Gefühl, das die Liebenden tief verschlossen in ihrem Herzen empfinden und das nicht nach außen dringt, sondern sie

......

drückt sich aus, teilt sich mit, lebt vom Austausch, der Kommunikation, von der wechselseitigen Öffnung aufeinander zu. Ohne eine solche Beziehungskultur, die in Worten, in Gesten, in Zeichen immer wieder zum Ausdruck bringt: „Ich liebe dich", ist Liebe auf Dauer gar nicht denkbar.

Ähnlich ist es auch mit dem Glauben. Wer glaubt, ist in Beziehung getreten zu Gott, hat sich ihm geöffnet und anvertraut, hat ihm sein Herz gegeben. Das Gebet ist Ausdruck dieser Beziehung, genauso vielfältig und phantasievoll wie die Sprache der Liebenden. Es ist zärtliches Flüstern und vertrautes Gespräch, Lächeln und Weinen, leidenschaftliches Ringen und behutsames Berühren, Schweigen und Reden, Ausdruck von Nähe und Ausdruck von Fremdheit.

Wenn Sie bei „Beten" vor allem an „Worte machen" denken, daran, auswendig gelernte Texte aufzusagen oder fromme Gesangbuchverse vorzulesen, sollten Sie umdenken.

In den Weisheitserzählungen der Chassidim ist folgende Szene überliefert:

„In der Gemeinde Rabbi Levi Jizchaks war ein Vorbeter heiser geworden. Der Rabbi fragte ihn: ‚Wie kommt es, daß Ihr heiser seid?' *‚Das ist', antwortete er, ‚weil ich zu lange vor dem Pult gebetet habe.' ‚Ganz recht', sagte der Rabbi, ‚wenn man vor dem Pult betet, wird man heiser; aber wenn man vor dem lebendigen Gott betet, wird man nicht heiser'"* (Martin Buber, Die Erzählungen der Chassidim, Manesse-Verlag, Zürich 1949, 345).

Nicht nur Worte herzusagen, sondern vor dem lebendigen Gott zu beten, darum geht es. Schon Jesus hatte im Namen Gottes geklagt: *„Dieses Volk ehrt mich mit den Lippen, sein Herz aber ist weit weg von mir. Es ist sinnlos, wie sie mich verehren"* (Mk 7,6f). Beten ist nicht eine Sache der Lippen, sondern eine Sache des Herzens. Beten, das heißt: sein Herz bei Gott haben. Es geht also um eine Beziehung: um die Beziehung zwischen uns und Gott, zwischen unseren Kindern und Gott. Die Bibel nennt diese Beziehung „Glaube". Der Glaube ist die Voraussetzung für das Beten. Im Gebet bringt der Glaube sich ins Wort. „Im Beten gewinnt unser Glaube Gestalt. Als

......

‚Atemholen der Seele' ist es lebensnotwendig für den Glauben. Darum ist Beten für den Glaubenden etwas Selbstverständliches" (Katholischer Erwachsenenkatechismus. Zweiter Band 1995, 181).

Gebetserziehung ist somit Teil der Glaubenserziehung. Deshalb spielt schon bei der Hinführung von kleinen Kindern zum Glauben das Beten eine wichtige Rolle. „Es ist statistisch erwiesen, daß das Gebet das früheste und noch immer verbreitetste Handlungselement darstellt und daß es unter allen religiösen Erziehungsmaßnahmen den stärksten und nachhaltigsten Eindruck hinterläßt" (Hans-Jürgen Fraas).

Es gibt das „freie" Beten und das an feste Texte „gebundene" Beten. Das vorformulierte Gebet hat den Vorteil, daß es gemeinsam gebetet werden kann, daß ich „einschwingen" kann in die Worte und Gedanken einer Gebetsgemeinschaft, daß ich ein „Geländer" habe, an dem ich mich entlangtasten kann, eine feste Form, der ich meine Gefühle und meine Gedanken „eingießen" kann. Für die „klassischen" Gebetszeiten am Morgen und am Abend und für das „Tischgebet" gibt es eine Vielzahl von bekannten Texten, die uns wie eine „eiserne Ration" begleiten können und an die wir uns halten dürfen, wenn wir keine eigenen Worte finden.

Der Nachteil solcher vorformulierten Gebete besteht darin, daß die Form nicht immer mit Inhalt gefüllt wird, daß die Lippen zwar Worte sprechen, aber das Herz unbeteiligt ist, daß meine eigenen Gefühle, mein eigenes Leben nicht zur Sprache kommen. Beten heißt: vor Gott all das aussprechen, was mir begegnet, was mich bewegt, was mich bedrückt und mir Sorgen macht, was mich freut und wofür ich dankbar bin. Feste Zeiten, feste Formen, bestimmte Haltungen, besondere Räume können Hilfen sein, sich zu öffnen für den Dialog mit Gott, doch lebendiges Beten ist nicht daran gebunden.

In jeder Sekunde des Tages kann ich Beziehung aufnehmen zu Gott, kann seine Nähe spüren, den Kontakt mit ihm suchen, mich von seinem Anruf treffen lassen, ihm sagen und zeigen, was mich bewegt und erfüllt. An jedem Ort kann sich diese Begegnung ereig-

......

nen: in der Badewanne genauso wie in einem Kirchenraum, auf dem Fußballplatz, in der Küche, am Computer ebenso wie im Gottesdienst.

Wie erhört Gott unsere Bitten?

In dem Fernsehfilm „Kinderspiele" von Wolfgang Becker (1992) hat mich eine Szene besonders bewegt: Der 12jährige Michael hat großen Kummer: Vom Pfadfinder-Zeltlager wegen einer Rauferei vorzeitig nach Hause geschickt erfährt er, daß seine Mutter die Familie verlassen hat. Seinen jüngeren Bruder hat sie mitgenommen, er bleibt zurück bei seinem Vater, einem groben Mann, ohne Einfühlungsvermögen für den Jungen, von brutaler Strenge und doch auch erbarmenswert in seinem eigenen emotionalen Elend.

Die Szene, die ich meine, zeigt den Jungen, wie er sich in der Nacht hinter das Haus ins Freie geschlichen hat. Über ihm wölbt sich der klare Sternenhimmel, und er sitzt da und schaut hinauf, und mit seiner Taschenlampe gibt er Blinkzeichen nach oben und flüstert: „Hallo, hört mich jemand?"

Die Szene wirkt irgendwie anrührend: Der kleine Junge, der die Morsezeichen seines Kummers und seiner Sehnsucht in das Weltall sendet und verzweifelt hofft, daß ihn jemand hört.

Wer kennt nicht selbst solche Stunden, wo man sein Elend, seinen Kummer, seinen Schmerz hinausgeweint hat in die Nacht, den Blick mit Verzweiflung zum Himmel gerichtet: „Hört mich jemand?"

Daß Gott hört, ist eine Grundüberzeugung des biblischen Gottesglaubens. „Gesehen, ja gesehen habe ich das Elend meines Volkes in Ägypten, und gehört, ja gehört habe ich ihre laute Klage über ihre Antreiber. Ich kenne ihr Leid" – so spricht Gott zu Mose in der bereits erwähnten Dornbuschszene (Ex 3,7). Daß Gott hört und daß Gott hilft, gehört zum Kern des Glaubens von Juden und Christen. *„Ich hebe meine Augen auf zu den Bergen: Woher kommt mir Hilfe? Meine Hilfe kommt vom Herrn, der Himmel und Erde gemacht hat"*, heißt es im 121. Psalm.

......

Genau an dieser Stelle tauchen die Fragezeichen auf. Der Junge Micha in dem erwähnten Fernsehfilm hat keine Antwort erhalten. Die hilflosen Lichtzeichen seiner Taschenlampe verloren sich im Dunkel der Nacht. Die Mutter kam nicht zurück, der Vater änderte sein Wesen nicht.

Auch Menschen, die beten, können solche Erfahrungen machen: Gott schweigt. Kein Echo folgt auf die Bitten. Das Elend bleibt, der Schmerz bleibt, nichts ändert sich. Und dann tauchen die Fragen auf: Warum hat Gott mich im Stich gelassen, als ich zu ihm schrie? Warum war die Diagnose nicht günstig, um die ich so sehr gebetet hatte? Warum tritt keine Besserung ein? Warum hilft Gott nicht, warum heilt er nicht, warum rettet er nicht?

Gehen also unsere Bitten ins Leere? Läßt Gott uns zappeln wie ein launischer Vater, der ja oder nein sagt, wie es ihm gerade paßt? Oder müssen wir ihm nur genügend in den Ohren liegen? Müssen wir ihn „weichmachen" wie nörgelnde Kinder, die den Eltern endlich die Erfüllung ihrer Bitte abtrotzen? Wenn *ein* Rosenkranz nicht reicht, dann tun es vielleicht zehn? Läßt Gott sich durch die Menge unserer Gebete beeindrucken? Kann man vielleicht sogar mit ihm handeln?

Dicke Kerzen werden gespendet, um Bittgebeten Nachdruck zu verleihen, Gelübde werden gemacht, und manchmal wird sogar Geld angeboten: für die Kirche oder einen guten Zweck, wenn nur Gott zu helfen bereit ist.

Auf den ersten Blick wird klar, daß hier menschliche Verhaltensweisen auf Gott übertragen werden, als könnten wir Gott überreden oder als könnten wir ihn bestechen. Daß solche Vorstellungen dem Gott der Bibel nicht gerecht werden, liegt auf der Hand.

Warum bedarf er überhaupt unserer Bitten? Weiß er nicht längst, was wir brauchen? Kennt er nicht unsere Not, auch ohne daß wir sie ihm klagen? Oder sollen wir Bittgebete sprechen, weil Gott sich nun einmal gerne anbetteln läßt, bevor er etwas gewährt? Weil er uns auf den Knien sehen will: „im Staub vor seiner Majestät" – wie es in einem alten Kirchenlied heißt?

In welche Ratlosigkeit es führt, wenn wir menschliche Denkweisen

......

auf Gott übertragen, zeigt folgender Text von Wolfdietrich Schnurre:

Die schwierige Lage Gottes

„Und verschone uns mit Feuer,
Mißernten und Heuschreckenschwärmen",
beteten die Farmer am Sonntagmorgen.
Zu gleicher Zeit hielten
die Heuschrecken einen Bittgottesdienst ab,
in welchem es hieß:
„Und schlage den Feind mit Blindheit,
auf daß wir in Ruhe
seine Felder abnagen können."

In der Tat eine schwierige Lage für Gott. Was soll er tun, wenn die katholischen Kroaten und die christlich-orthodoxen Serben und die bosnischen Muslime gleichzeitig um den Sieg über ihre Feinde bitten? Wie soll er reagieren, wenn italienische Fußballspieler sich vor dem Spiel bekreuzigen und ein Stoßgebet zum Himmel schicken, gleichzeitig aber ihre argentinischen Gegenspieler dasselbe tun? Die folgenden Antwortversuche sind ein vorsichtiges Herantasten. Allzu einfache Lösungen sind verdächtig. Gott ist Licht, aber er ist auch Dunkelheit. *„Bin ich denn nur ein Gott der Nähe und nicht auch ein Gott der Ferne?"* sagt Gott durch den Mund des Propheten Jeremia (Jer 23,23). Und bei Jesaja finden wir das berühmte Gotteswort: *„Meine Gedanken sind nicht eure Gedanken, und eure Wege sind nicht meine Wege"* (Jes 55,8).

Gott ist Liebe

Ausgangspunkt aller Überlegungen ist unser Gottesbild: der Glaube an den Befreier-Gott Israels, der sich als „Ich-bin-für-euch-da" geoffenbart hat.
Und immer wieder hat das Volk Gott beim Wort genommen: *„Um deines Namens willen handle…"*, rief der Prophet Jeremia Gott zu,

......

als das Volk in einer tiefen Notlage steckte, *„Du, Israels Hoffnung, sein Retter zur Zeit der Not...".* Er gibt sich mit dem Schweigen Gottes nicht zufrieden, sondern appelliert an den Namen Gottes: *„Warum bist du wie ein ratloser Mann, wie ein Krieger, der nicht zu siegen vermag? Du bist doch in unserer Mitte, Herr, und dein Name ist über uns ausgerufen. Verlaß uns nicht!"* (Jer 14,8 f).

JAHWE heißt: „Ich-bin-für-euch-da". Die Übersetzung des Namens „Jesus" lautet: „Gott hilft". Und dieser Jesus ist der verheißene „Immanuel" (Mt 1,23), was soviel heißt wie: „Gott ist mit uns".

Wenn Gott in solchen Namen sein Wesen ausdrückt, dann kann kein Zweifel daran bestehen, daß seine Barmherzigkeit grenzenlos ist und seine Hilfsbereitschaft unendlich. „Gott ist Liebe" – wird es später der 1. Johannesbrief auf einen Nenner bringen.

Gott will helfen

Die Konsequenz liegt auf der Hand: Mit unseren Gebeten müssen wir Gott weder über unsere Not *informieren*, noch müssen wir ihn zur Hilfe *motivieren*. Wie Gott zu den Menschen steht, das sagt er selbst durch den Propheten Jesaja: *„Schon ehe sie rufen, gebe ich Antwort, während sie noch reden, erhöre ich sie"* (Jes 65,24). Die Zuwendung Gottes muß nicht erst mühsam erfleht werden. Sie ist uns ja längst zugesagt, in einem Maß, das alle menschlichen Vorstellungen übertrifft:

„Kann denn eine Frau ihr Kindlein vergessen,
eine Mutter ihren leiblichen Sohn?
Und selbst wenn sie ihn vergessen würde:
Ich vergesse dich nicht."

So spricht Gott beim Propheten Jesaja. Und er fährt fort mit dem bewegenden Bild: *„Sieh her: Ich habe dich eingezeichnet in meine Hände"* (Jes 49,15 f).

Zwei Fragen tauchen an dieser Stelle auf:

– Wenn es zum Wesen Gottes gehört, daß er für uns da ist, wenn wir eingezeichnet sind in seine Hände und seine Liebe uns umfängt, bedingungslos und grenzenlos, warum sollen wir dann überhaupt noch bitten?

– Und zweitens: Wenn Gottes Heilswille so absolut und unverrückbar uns zugewandt ist, wenn er wirklich der „Ich-bin-für-euch-da" ist, wenn es wirklich stimmt: „Gott ist die Liebe" – warum werden dann nicht alle Bitten erhört, warum werden nicht alle Tränen getrocknet, warum wird nicht jede Sehnsucht gestillt?

Beten: das Herz bei Gott haben

Um in diesen Fragen weiterzukommen, müssen wir uns noch einmal vergegenwärtigen, was „Beten" meint. Das Hochgebet in der katholischen Eucharistiefeier wird mit dem Ruf eingeleitet: „Erhebet die Herzen", und die Gemeinde antwortet: „Wir haben sie beim Herrn." Beten heißt: „sein Herz beim Herrn haben". Dazu bedarf es keiner Worte, keines Gebetbuches, keiner Kirche. Sein Herz beim Herrn haben – das kann beim Spülen ebenso geschehen wie auf der Autobahn oder im Bett. „Betet allezeit", sagt Jesus. Wenn euer Herz bei Gott ist, wird euer ganzes Leben zum Gebet.

Durch das Gebet sich selbst verwandeln lassen

Wer auf diese Weise betet, wer die Not seines Herzens Gott entgegenhält, wird eine merkwürdige Erfahrung machen: Es kommt etwas in ihm in Bewegung. Die Berührung des eigenen Lebens mit dem Geheimnis, das wir Gott nennen, verändert die Situation. Oft hilft es schon, so sagen die Psychologen, seinen Kummer auszusprechen. Indem ich darüber rede, gewinne ich schon ein Stück Distanz und beginne, meine Lage aus einem neuen Blickwinkel zu sehen.

Erst recht gilt das für das Gebet: Wer im Gebet Beziehung aufnimmt zu Gott, wer sein Leben mit all seiner Not und seiner Angst unter die Augen Gottes stellt, für den hat sich schon etwas geändert. Da wird zwar eine Krankheit nicht einfach geheilt, da sind die Schmerzen nicht einfach auf wunderbare Weise verschwunden, aber Krankheit, Schmerzen und Tod sind in einen neuen Horizont hineingerückt: in den Horizont des Gottes, dessen Name ist: „Ich-bin-für-euch-da" und der seinen Sohn selbst aus dem Tod noch auferweckte zu unvergänglichem Leben.

Das heißt im Klartext: Unsere Bittgebete wirken nicht auf Gott ein, sondern sie bewirken etwas in uns selbst. Gott muß nicht erst bewegt werden, uns helfen zu wollen, sondern wir müssen uns bewegen auf ihn zu, müssen uns helfen lassen, müssen uns einlassen auf die Begegnung mit ihm, und in dieser Begegnung werden wir selbst verwandelt, und wo wir uns wandeln, da wandelt sich auch unsere Situation. Ein chinesisches Sprichwort sagt: „Wenn ein Blatt sich bewegt, bewegt sich der ganze Baum."

Ich schenke euch ein neues Herz

Die Frage nach der Erhörung von Bittgebeten ist deshalb nicht so einfach vordergründig zu beantworten. Was hilft dem Schüler wirklich weiter, der vor der Klassenarbeit um eine gute Note betet, der kranken Frau, die in Lourdes um ein Wunder bittet, der Mutter, die dafür betet, daß ihr straffällig gewordener Sohn die Bewährungszeit gut übersteht?

Wirkliche Erhörung, wirkliche Lebenshilfe reicht weiter. Was Gott uns schenken will, geht tiefer als nur bis zur Oberfläche unserer Wünsche. Durch die Propheten des Alten Testaments verheißt Gott eine Hilfe, die wirklich hilft: *„Ich schenke euch ein neues Herz und lege einen neuen Geist in euch. Ich nehme das Herz von Stein aus eurer Brust und gebe euch ein Herz von Fleisch"* (Ez 36,26).

„Hilfe, die wirklich hilft, geht ‚ans Herz'" (Jürgen Werbick). Im Innersten geschieht Erlösung, löst sich die Versteinerung. Dann wird vielleicht die Klassenarbeit nicht bestanden, aber die starre Fixierung auf Leistung und Anerkennung kommt in Bewegung. Dann geschieht vielleicht in Lourdes kein Heilungswunder am kranken Körper, aber die Verbitterung des Herzens beginnt abzuschmelzen und ein neues Verhältnis zur eigenen Krankheit bahnt sich an. Dann wird vielleicht der Sohn trotz des Gebets eine neue

......

Straftat begehen, aber im Gebet geschieht Verwandlung in der Mutter selbst: Versteinerte Wunschvorstellungen und Lebenspläne lösen sich, und im Gespräch mit Gott geht ihr etwas auf von jener wahren Liebe, die den anderen annimmt vor aller Leistung und trotz aller Schuld.

Einen neuen Blickwinkel bekommen

„Nicht alle unsere Wünsche, aber alle seine Verheißungen erfüllt Gott", sagt ein bekanntes geistliches Wort. In der Tat, manchmal sehen wir erst im nachhinein, wozu ein schmerzlicher Umweg gut war, den Gott mit uns gegangen ist. Krisen können eine Chance sein zu innerem Wachstum und menschlicher Reife. Auf dem Krankenbett verändert sich der Blickwinkel: Mancher kleinliche Ärger mit den Nachbarn oder der Verwandtschaft, mancher ehrgeizige Plan im Beruf, manche Unzufriedenheit mit Kindern oder Enkeln erscheinen in einem anderen Licht, wenn das Krankenlager uns schmerzhaft gelehrt hat, was wirklich wichtig ist im Leben. „Den wahren Geschmack des Wassers erkennt man in der Wüste", sagt ein jüdisches Sprichwort. Vielleicht wird mancher deshalb in die Wüste geführt.

Für mich ist das kein billiger Trost. Ich lebe von der Hoffnung, daß Gott auch auf krummen Zeilen gerade schreiben kann. Auch wenn sich nicht immer genau das erfüllt, was wir wünschen, gehen unsere Bitten nicht ins Leere. Wer bittet, stellt sich mit all dem, was ihn belastet, vor Gott. Er wirft, wie es die Schrift ausdrückt, seine Sorgen auf den Herrn. Sie verschwinden deshalb nicht, aber sie bekommen ein anderes Aussehen. Meine eigene Haltung, meine Einstellung haben sich gewandelt, und damit kommt die Heilung der Situation in Gang.

Beten: sich der Kraft und Liebe Gottes öffnen

„Bittet, dann wird euch gegeben; sucht, dann werdet ihr finden; klopft an, dann wird euch geöffnet" (Mt 7,7), sagt Jesus in der Bergpredigt. *„Denn wer bittet, der empfängt; wer sucht, der findet; und wer anklopft, dem wird geöffnet"* (Mt 7,8).

Vor dem Hintergrund unserer bisherigen Überlegungen ist dieses Wort nicht so zu deuten, als müßten wir durch unsere Bitten Gottes Herz erweichen. Nicht er muß uns die Tür öffnen, sondern wir ihm. An unsere eigene Tür klopfen wir. Gott *will* uns helfen. Wir brauchen im Bittgebet sozusagen nur unsere Schleusen zu öffnen, damit die Gnade, das Heil, die Liebe Gottes einströmen können in unser Leben.

Wo wirklich gebetet wird, das heißt, wo ein Mensch sein Herz bei Gott hat, eintritt in eine lebendige Beziehung, sich hineinbegibt in persönliche Kommunikation mit Gott, da kann es keine unerhörten Bitten geben.

Der Gottesherrschaft in sich Raum geben

Daß Gottes heilende und befreiende Nähe die Menschen verwandelt und die Welt verändert – das war auch das große Thema der Verkündigung Jesu. „Die Gottesherrschaft ist nahe gekommen, das Reich Gottes hat mit mir bereits begonnen" – in solchen Bildern faßt er seine Predigt zusammen. Und wer in das „Magnetfeld" der Kraft und der Liebe Gottes eintritt, dessen Leben wird sich unweigerlich ändern. Da können die Trauernden sich freuen, da werden die Armen seliggepriesen, da bekommen die Sünder eine neue Chance, da können die Kranken nicht mehr krank und die Toten nicht mehr tot bleiben.

Wo Menschen mit Jesus in Berührung kommen, da erfahren sie etwas von dieser Kraft und Liebe Gottes, da blitzt die Macht der Gottesherrschaft auf, da springt ein Kraftfunke über, da kann ein Wunder geschehen.

Wer mit seinen Bitten Gott die Not seines Lebens entgegenstreckt, nimmt Jesus beim Wort, begibt sich gewissermaßen hinein in das Kraftfeld der Liebe Gottes, läßt die Gottesherrschaft in seinem Leben zu. Jedes Bittgebet ist somit eine Variation der Gebetsbitten, die Jesus selbst uns gelehrt hat: *„dein Reich komme, dein Wille geschehe, wie im Himmel so auf Erden"* (Mt 6,10).

Nicht machtvolles Eingreifen, sondern Mitgehen in der Not

Die Weise, wie Gott in unserem Leben handelt, ist allerdings oft ganz anders, als wir es uns vorstellen können, anders, als wir es uns wünschen. Gott, der starke Helfer, wie ihn die Bibel besingt, offenbart sich auch in der Gestalt des „hilflosen Helfers".

Der „Gottesknecht" im Alten Testament ist dafür die Schlüsselfigur. Er handelt, indem er leidet. Er greift nicht verändernd ein, sondern hält aus: *„Er hat unsere Krankheit getragen und unsere Schmerzen auf sich geladen"* (Jes 53,4). Er verändert die Situation nicht von außen, sondern von innen. Nicht Aufhebung des Leids, sondern Solidarität mit den Leidenden.

Die ersten Christen haben das Schicksal Jesu sehr bald mit dem Bild des Gottesknechtes gedeutet. Der Prophet aus Nazaret, der Gesandte Gottes, hängt am Kreuz und haucht sein Leben aus mit dem uralten Klagepsalm auf den Lippen: *„Mein Gott, mein Gott, warum hast du mich verlassen, bist fern meinem Schreien, den Worten meiner Klage? Mein Gott, ich rufe bei Tag, doch du gibst keine Antwort; ich rufe bei Nacht und finde doch keine Ruhe..."* (Ps 22,2 f).

Wer sich in seiner verzweifelten Not an den Gekreuzigten klammert, findet in ihm den Bruder, der den Leidensweg mitgeht, der sich mitbetreffen läßt von der Schwere des Schicksals und der notfalls mituntergeht in Solidarität bis zum Äußersten.

Gott für andere ins Spiel bringen

Jedes wirkliche Bittgebet – das ist sehr wichtig – schließt das persönliche Handeln ein. Es ist pervers, Gott um Brot für die Hungernden zu bitten, wenn ich nicht gleichzeitig bereit bin, mein eigenes Brot mit ihnen zu teilen. Solange den Worten keine Taten folgen, trifft die Gebetskritik Jesu genau zu: *„Dieses Volk verehrt mich mit den Lippen, aber sein Herz ist weit weg von mir."*

Auch hier gilt: Im Fürbittgebet für andere bewege ich nicht zuerst Gott, in deren Not hilfreich einzugreifen, sondern ich öffne mich selbst dieser Not, lasse mir von Gott das Herz aus Stein aus der Brust nehmen und lasse mich durch seinen Geist verwandeln, damit ich selbst zum Helfer, zur Helferin werde.

Über diese subjektive Veränderung hinaus geschieht auch etwas, das außerhalb meiner eigenen Person liegt. Wenn ich für andere bete, werden Tore geöffnet, werden Kräfte freigesetzt, die etwas bewirken, auch wenn sich nicht genau messen läßt, was das im Einzelfall ist. Die Welt ist kein geschlossenes System. Wenn ein Mensch – und sei es für andere – Gott ins Spiel bringt, kommen die Dinge in Bewegung.

Ich weiß, daß vieles nur in Bildern gesagt werden kann. Wenn die Welt wie ein Mobile ist, in dem alles mit allem zusammenhängt und vernetzt ist, dann bringt die Kraft eines einzigen Gebets das ganze System in Bewegung, auch wenn uns Menschen undurchschaubar bleibt, wie in diesem Wechselspiel letztlich Ursachen und Wirkungen verknüpft sind.

Gebete

Gott, geheimnisvoller Name,
oft gehört und doch fremd,
weit weg von mir
und oft vergessen
im Getriebe der Tage

und Stunden,
ich rede dich an
und suche nach Worten
und spüre dabei,
wie dein Bild mir entgleitet.

......

77

Doch auch ohne Worte
verstehst du
die Sprache des Herzens,
hörst das Ungesagte,
siehst die Verwirrung,
die Sorgen
und die Angst,
aber auch die Sehnsucht
und die ausgestreckte Hand:
Zweifel und Hoffnung zugleich.

Du bist da,
und ich bin da.
Ich schweige
und atme
und finde für ein paar Minuten
Ruhe.
Und wenn ich die Augen schließe,
ist mir,
als streife mich ein Hauch
Deiner Nähe.

· · · · · · · ·

Lieber Gott,
ich kann dich nicht sehen und nicht hören,
aber ich weiß: Du bist da.
Wenn ich mich freue, will ich daran denken,
daß du bei mir bist.
Du siehst mich,
du hörst mich,
du kennst mich,
du liebst mich so, wie ich bin.
Darüber bin ich froh.
Begleite meinen Weg
und halte deine Hand über mich
und über alle Menschen.

Behüte, Herr, unser Kind.
Bleibe an seiner Seite, auch wenn es verschlungene Wege geht,
steh du ihm bei, wenn unsere Hilfe versagt,
und heile die Wunden, die das Leben ihm zufügen mag.

Ein fröhliches Kind wünschen wir uns.
Sein Glück liegt uns mehr als alles andere am Herzen.
Wachsen soll es und reifen und seinen Weg finden im Leben.
Freunde wünschen wir ihm und viel Liebe, vor allem Liebe.

Wir tun, was wir können, mit den Kräften, die wir haben,
doch das Schicksal haben wir nicht in der Hand,
und niemand von uns kennt die Zukunft.

Dir, Herr, vertrauen wir das Leben unseres Kindes an.
Möge es geborgen sein in deiner Liebe;
heute und morgen und immer.

. . . .

Ich danke dir, Gott,
für die Sonne und den Wind,
für die Luft zum Atmen,
für die Blumen, die Wolken und den Wald.

Ich danke dir,
daß ich Freunde habe
und Menschen, die mich mögen,
und daß mein eigenes Herz gefüllt ist mit Liebe.

Ich danke dir
für das Geschenk des Lebens,
für die Stunden der Freude und des Glücks
und für dich, aus dessen Händen alles kommt.

. . . . . .

Ballast abwerfen, neu anfangen, versöhnt leben

Ein Element der Erstkommunionvorbereitung ist in der Regel auch die Beichte. Für viele Eltern sind damit zwiespältige Gefühle verbunden. Erinnerungen kommen hoch an die eigene Beichtpraxis der Kindheit: peinliche Gewissenserforschung, ängstliche Sorgen, nur ja keine Sünden zu vergessen, unbehagliche Gefühle im düsteren Beichtstuhl, Scham, dem Pfarrer die persönlichen Verfehlungen und Schwächen einzugestehen. Solche Erfahrungen und solche Gefühle wollen Eltern ihren Kindern zu Recht ersparen. Sie sollen nicht mit Sündenangst ihr Gewissen quälen, sollen nicht zu einer Praxis gezwungen werden, die die Eltern meistens längst aufgegeben haben.

Zweifellos sind hier in der Vergangenheit manche Fehler begangen worden. Auch ist nach wie vor religionspädagogisch umstritten, ob es sinnvoll ist, neunjährige Kinder schon zur Beichte zu führen. Doch aufgrund einer Entscheidung der Deutschen Bischofskonferenz ist es in den meisten Pfarrgemeinden seit Jahren üblich, die Erstkommunion der Kinder mit der Erstbeichte zu verknüpfen.

Zum Glück trifft die obige Beschreibung vom düsteren Beichtstuhl, moralischen Druck und peinlichen Verhör in den meisten Fällen nicht mehr zu. Oft wird die Form eines Gesprächs gewählt, das außerhalb des Beichtstuhls in einer persönlichen Atmosphäre stattfindet.

Die folgenden Hinweise richten sich an Sie, die Eltern. Vielleicht entdecken Sie darin neue Zugänge zu dem, was die Kirche „Buße" oder „Beichte" nennt.

Auf unserer Lebensreise kommen wir immer wieder an Kreuzungen. Wir müssen uns entscheiden, müssen Weichen stellen, müssen eine Wahl treffen. Wenn wir uns für die eine Richtung entscheiden, können wir nicht gleichzeitig in die andere Richtung gehen. Wenn wir das eine tun, müssen wir das andere unterlassen. Weil wir handeln müssen, lassen wir Möglichkeiten aus, verstricken uns in Folgen, die wir nicht absehen können, werden wir schuldig.

Diese Schuldverwobenheit, die mit dem Leben selbst gegeben ist,

......

© Dia Dienst

war das große Thema der griechischen Tragödiendichter lange vor Christus: Schuldlos werden wir schuldig, weil kein Mensch „unbefleckt" durch das Leben gehen kann.

Das Bild von den Eisenbahngleisen macht noch auf etwas anderes aufmerksam: Unser Leben bewegt sich in festen Bahnen. Auch wenn wir Weichen stellen können, die Richtung ist festgelegt. Wir gehen unseren Weg nicht völlig frei. Schon die biologische Erbmasse prägt uns. Jede Zelle unseres Körpers enthält ein genetisches Programm, das unser Aussehen, unsere Gesundheit, unseren Charakter beeinflußt. Und natürlich legen auch das Milieu, in dem wir aufwachsen, und die Erziehung, die wir erfahren, Gleise für unser Leben. Deshalb ist jedes Urteil über einen Menschen vordergründig und vorläufig. Bertolt Brecht macht darauf in einem kleinen Gedicht aufmerksam:

Über die Unfruchtbarkeit

Der Obstbaum, der kein Obst bringt
Wird unfruchtbar gescholten. Wer
Untersucht den Boden?

Der Ast, der zusammenbricht
Wird faul gescholten, aber
Hat nicht Schnee auf ihm gelegen?

Das Gedicht warnt vor schnellen Urteilen. Kein Mensch ist in der Lage, die Hintergründe, Bedingtheiten, Verflechtungen und Abhängigkeiten zu durchschauen, die einen Menschen so handeln lassen, wie er handelt, so sein lassen, wie er ist. Das geht nicht bei anderen, nicht einmal bei uns selbst.

Daß es Verantwortung gibt, daß Weichen gestellt werden, daß auch die persönliche Freiheit im Spiel ist, soll damit nicht bestritten werden. Doch Vorsicht ist geboten bei allzu klaren Zuordnungen und allzu schnellen Urteilen.

Wenn Glauben heißt: in Beziehung zu Gott leben, ihm sein Herz geben, dann ist „Sünde" am ehesten zu verstehen als Beziehungs-

. . . . . .

störung. „Sünde" ist vergleichbar mit einer Mauer: Ich schließe mich ein, breche die Beziehung ab zu den Menschen, zu Gott, zu mir selbst. Wer sündigt, beschädigt damit seine eigenen Lebensmöglichkeiten und die der anderen. Damit schneiden wir uns selbst das Leben ab, verstricken uns immer tiefer in das Geflecht von Angst und Entfremdung, errichten immer neue Mauern um uns.

Schuldig werden hat immer etwas damit zu tun, anderen oder sich selbst etwas schuldig zu bleiben. Wege sind blockiert, Chancen verbaut, Entwicklungen unterbrochen. Die Liebe kann nicht mehr fließen, ich bin eingemauert und finde nicht mehr heraus aus der verfahrenen Situation, habe mich verrannt in eine Sackgasse, die einengt und abschnürt.

Die Liebe Gottes aber kennt keine Mauern. Wenn Menschen auch noch so verbohrt die Beziehung blockieren – noch größer ist die Bereitschaft Gottes, die Beziehung wiederherzustellen. Die Mauer hat einen Riß, seitdem Jesus – wie es der Kolosserbrief ausdrückt – *„den Schuldschein durchgestrichen und getilgt hat, indem er ihn ans Kreuz heftete"* (Kol 3,14).

„Erlösung" heißt, daß Gottes Hand uns auch durch die Mauer hindurch erreicht, daß er uns herausführen will aus der Enge, aus den Grenzen der selbstgesetzten Mauern, daß er uns sucht, daß er uns einlädt, daß er uns öffnet, auch wenn wir selbst verschlossen und verhärtet sind.

Der Begriff „Buße" aus der christlichen Tradition meint nichts anderes, als dieser Einladung zu folgen, aus der Sackgasse umzukehren, den neuen Anfang zu wagen, zu dem Gott selbst uns einlädt.

Auf die Geschichte und die verschiedenen Formen der Buße, von der öffentlichen Kirchenbuße der ersten Jahrhunderte bis zur heutigen Einzelbeichte, braucht hier nicht eingegangen zu werden. Wichtig ist der Grundgedanke: Es geht darum, beschädigte Beziehungen wiederherzustellen, verschüttete Lebensmöglichkeiten wieder freizulegen, falsche Wege zu verlassen und sich wieder neu zu orientieren am Weg Jesu. *„Mit meinem Gott überspringe ich Mauern"* – so hat es der Beter des 18. Psalms einmal ausgedrückt. Auch das Bild von der Heilung bietet sich an. Sünde und Schuld

......

haben immer damit zu tun, daß Verletzungen zugefügt wurden, daß Wunden entstanden sind: bei anderen und bei mir selbst. Alle Formen der Buße, wie auch die Beichte, sind Ausdruck und Zeichen dafür, daß wir Gott diese Wunden entgegenhalten, damit er sie heilt. Es gehört zutiefst zum Bild des Gottes, an den wir glauben, daß er uns Versöhnung anbietet und Heilung schenken will. Wer das erfahren hat, kann wie der Beter des 103. Psalms ein Lied singen von der Güte und Barmherzigkeit Gottes.

„Lobe den Herrn, meine Seele,
und vergiß nicht, was er dir Gutes getan hat:
der dir all deine Schuld vergibt
und all deine Gebrechen heilt,
der dein Leben vor dem Untergang rettet
und dich mit Huld und Erbarmen krönt ... "
(Ps 103,2–4)

Es wäre viel gewonnen, wenn Ihre Kinder und Sie selbst als Eltern mit „Beichte" andere Bilder verbinden als in der Vergangenheit üblich. Zwei Beispiele mögen die bisherigen Überlegungen konkretisieren.
Mit diesem Bild könnten Kinder sich auf ihre erste Beichte vorbereiten. Es wird vermittelt, daß es bei der Beichte darum geht, Ballast abzuwerfen und der Barmherzigkeit Gottes all das anzuvertrauen und zu übergeben, was mein Leben belastet. Dann kann ich unbeschwerter meinen Weg weitergehen, kann einen neuen Anfang wagen, weil Jesus mich frei macht, anders zu leben, anders zu sein.
Ein Beichtgespräch könnte so aussehen, daß dieses Bild vorgelegt und gedeutet wird: Ich erzähle von meinen Belastungen und meiner Sehnsucht nach einem neuen Anfang. Der Priester spricht darüber den Segen, nimmt symbolisch im Namen Gottes die Last entgegen und sagt mir die Verheißung zu, daß Jesus mich frei gemacht hat für einen neuen Anfang.
Die klassischen Elemente der Beichte, nämlich Gewissenserforschung, Reue, Schuldbekenntnis und guter Vorsatz, sind darin enthalten, allerdings auf ermutigende und befreiende Weise.

......

Jesus macht mich frei für:

**Neu
anfangen**

**Ballast
abwerfen**

Mich belastet:

. . . . . .

Persönliche Vertiefung

Mit Hilfe nebenstehenden Bildes können Sie selbst eine kleine Übung machen und das ausprobieren, was auch eine Weise der Beichtvorbereitung für Ihre Kinder sein könnte:
– Listen Sie unter der Überschrift „Mich belastet" alles auf, was Ihr Leben schwermacht, was Ihnen Sorgen bereitet, was Sie mit sich herumschleppen als ungelöstes Problem, als unverarbeiteten Konflikt, als nicht bewältigte Schuld.
– Listen Sie zweitens unter der Überschrift „Jesus macht mich frei" all das auf, wofür Sie sich frischen Wind wünschen, wo Sie sich nach einem Neuanfang sehnen, wo Sie Verhalten ändern, Gefühle vertiefen, Schritte wagen wollen.
Das nachfolgende Bild von der Heilung bzw. von der heilenden Begegnung kann ebenfalls erschließen helfen, was in der Beichte geschieht. Meditieren Sie dazu folgende Fragen:
Wo fühle ich mich verletzt? Wo spüre ich in meinem Leben eine Wunde, die schmerzt, die noch nicht vernarbt ist, die immer wieder aufbricht?
Wo fühle ich mich schwach, ausgeliefert, abhängig, angeschlagen?
Wo fühle ich Blockierungen der Lebensenergie, unterdrückte Vitalität, Müdigkeit und Resignation?

In der Begegnung mit Jesus geschieht Heilung. Lesen Sie im Neuen Testament die Geschichten, wie Jesus den Gelähmten heilt (Mk 2,1–12), wie er den Aussätzigen rein macht (Mk 1, 40–45), wie er eine gekrümmte Frau aufrichtet (Lk 13,10–17), wie er einem Taubstummen Mund und Ohren öffnet (Mk 7, 32–37), wie er einem Blinden wieder zum Sehen verhilft (Mk 8,22–26).

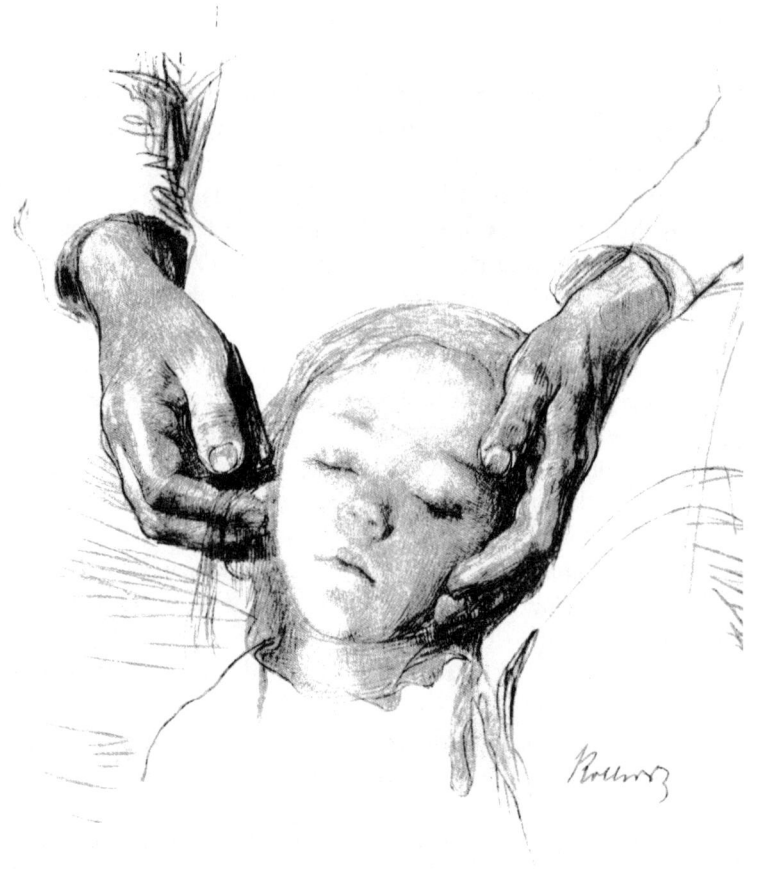

Käthe Kollwitz: Das kranke Kind. © VG-Bild-Kunst, Bonn 1996

Es ist zu eng, die Beichte nur mit dem Bild des Gerichts zu deuten: Bekenntnis der Verfehlung, Reue, Absicht zur Wiedergutmachung und Freispruch. Weil der Richter sich als Retter erweist, ist die Beichte ein Geschehen, in dem sich Heilung ereignet.

Die Verästelungen kirchlicher Bußtheologie und Sakramentenlehre müssen weder Kinder noch Eltern im einzelnen durchschauen. Die Chance sollte ihnen aber nicht vorenthalten werden, die Beichte als einen Weg zu entdecken, der Befreiung schenkt für einen neuen Anfang im Leben, der Entlastung ermöglicht und auf dem Heilung geschehen kann für die Wunden des Lebens.

Gottesdienst:
Pflichtübung oder Feier des Glaubens?

Die Teilnahme am Sonntagsgottesdienst ist häufig ein Zankapfel in der Familie und – je nach Situation – ein Eckstein oder auch ein Stolperstein in der Erstkommunionvorbereitung. Dazu einige Beispiele.

1. Beispiel

In der Familie F. gehört der gemeinsame Gottesdienstbesuch zur traditionellen Sonntagsgestaltung. „Ein Sonntag ohne Eucharistiefeier ist kein richtiger Sonntag", meint die Mutter. Mit den Kindern mußten darüber nie große Diskussionen geführt werden. Die 11jährige Tochter und der 13jährige Sohn begleiten die Eltern ganz selbstverständlich in die Kirche. Nur der Jüngste, der jetzt zur Kommunion geht, beginnt in letzter Zeit, sich dagegen zu wehren: Es sei so langweilig im Gottesdienst, die Lieder gefielen ihm nicht und von der Predigt verstehe er sowieso nichts.

2. Beispiel

Das Ehepaar D. ist sich einig, daß am Sonntag ausgeschlafen wird. Die ganze Woche über muß nach dem Diktat des Terminplans gelebt werden, da tut es gut, am Wochenende einmal alles abzustreifen und nur das zu tun, wozu man Lust hat. Auch die Kinder genießen diese lockere, entspannte Atmosphäre, kommen im Schlafanzug zum Frühstück und denken gar nicht an Kirchgang oder Gottesdienst. Es gibt hier keine entsprechende Familientradition, und in dem familiären Lebensstil hat der Gottesdienst am Sonntag keinen Platz.

3. Beispiel

Herr T. ist auf dem Land aufgewachsen, lebt aber seit seiner Heirat in der Stadt. Als Kind hat er ganz selbstverständlich am sonntäglichen Kirchgang teilgenommen. Das war damals eben so üblich, und sein Vater hätte ihm schon Beine gemacht, wenn er versucht hätte, dagegen „aufzumucken". Seit Herr T. in der Stadt wohnt, gibt es diesen Druck für ihn nicht mehr. Sonntags kann er machen, was er will. Seine Frau ist evangelisch und sieht das sowieso viel lockerer. So geht er selbst zwar nur an den großen Festen zur Kirche, doch daß seine Tochter, die vor der Erstkommunion steht, am Sonntagsgottesdienst teilnimmt, ist ihm schon wichtig. Deshalb schickt er sie am Sonntag auch immer in die Kirche, zwar nicht regelmäßig, aber doch ziemlich oft. Sie muß dann halt allein gehen.

4. Beispiel

Familie A. hat keine Beziehung zur Kirche. Die Erstkommunion der Tochter ist ein gesellschaftliches Ereignis und eine Familienfeier. Mit dem Glauben haben die Eltern „nichts am Hut". Deshalb geht auch am Sonntag niemand zum Gottesdienst. Behutsame Hinweise der Gemeindereferentin, die Teilnahme an der sonntäglichen Eucharistiefeier sei für ein Kommunionkind wichtig, werden zur Erleichterung der Tochter geflissentlich überhört.

. . . . . .

In der Vorbereitung zur Erstkommunion spielt der Sonntagsgottesdienst eine wichtige Rolle. Die Kinder sollen ja hingeführt werden zur eucharistischen Mahlgemeinschaft, sollen hineinwachsen in die Gemeinde, die sich Sonntag für Sonntag um den Tisch des Herrn versammelt. Ob sie kommen oder nicht, wird von den Verantwortlichen häufig als Gradmesser für den Erfolg bzw. Mißerfolg der katechetischen Bemühungen angesehen. Das ganze Dilemma der volkskirchlichen Sakramentenpastoral wird ja sichtbar, wenn die Erstkommunion für die Mehrzahl der Kinder auf Jahre hin die „Letztkommunion" ist.

Eine Gemeinde lebt davon, daß sie sich versammelt, daß Beziehungen entstehen, daß Gemeinschaft spürbar und erlebbar wird, und auch der einzelne lebt davon, daß er nicht alleine glaubt, daß er sich eingebettet weiß in eine Glaubensgemeinschaft, daß Erfahrungen geteilt, gemeinsam Wege gesucht und Entscheidungen bekräftigt werden. Deshalb hinterlassen alle, die den gottesdienstlichen Versammlungen am Sonntag fernbleiben, eine Lücke. Sie nehmen der Gemeinde, aber auch sich selbst, die Chance der Begegnung, die Chance, Leben und Glauben miteinander zu teilen, die Chance, als Volk Gottes gemeinsam unterwegs zu sein.

Warum werden die Kirchenbänke immer leerer?

Die Ursachen dafür sind vielfältig. Der „Schwarze Peter" läßt sich nicht so leicht verteilen. Der „*Glaubensmangel*" der Personen kann ein möglicher Grund sein, aber auch der „*Gemeindemangel*" oder *Mängel in der liturgischen Gestaltung*. Dazu einige Hinweise:
– Wer noch keine Glaubenserfahrung gemacht bzw. keine persönliche Glaubensentscheidung getroffen hat, hat zum Sonntagsgottesdienst gar keinen Bezug oder empfindet ihn nur als lästige Pflicht. Wie das Gebet ist auch der Gottesdienst Ausdruck und Vollzug des Glaubens. Wo der Glaube fehlt, kann er auch nicht liturgisch gefeiert werden. Moralische Appelle bewirken bestenfalls den äußeren Vollzug eines Gottesdienstes, die körperliche

......

Anwesenheit, nicht aber die innere Ergriffenheit und existentielle Mitfeier.

– Die Defizite müssen aber nicht allein auf der Seite der Einzelpersonen liegen. Auch die Gemeinde selbst kann Mängel aufweisen: Wenn keine Gemeinschaft erlebbar wird, wenn keine Beziehungen untereinander da sind, kein Gemeindebewußtsein existiert, keine Beheimatung und Einbindung zu spüren ist, dann fehlt ein wichtiges Motiv, das Menschen an der gottesdienstlichen Versammlung teilnehmen läßt. So abträglich es ist, wenn der Glaube fehlt, so abträglich ist es auch, wenn die Gemeinde fehlt.

– Eine wichtige Rolle spielt auch die liturgische Gestaltung selbst. Zu langweilig, zu lebensfern, zu unverständlich, steril und abgehoben – so lautet das Urteil vieler Jugendlicher über den Gottesdienst in ihrer Gemeinde.

Dabei muß das nicht sein. Vielerorts gehören lebendig und kreativ gestaltete Kinder- und Jugendgottesdienste zum festen liturgischen Programm. Die Faszination, die beispielsweise von Taizé-Gottesdiensten ausgeht, der Zuspruch, den „Frühschichten" oder „liturgische Nächte" mitunter erfahren, die besondere Atmosphäre von Gruppenmessen, Zeltlager-Gottesdiensten oder Wallfahrten zeigen, daß es auch ansprechende Formen liturgischer Gestaltung gibt, die Menschen begeistern können.

Die Verwendung von Kerzen und Duftlampen in der Jugendkultur, die Freude an Sacro-Pop und Ausdruckstanz, das Interesse für Meditation und religiöse Erfahrung zeigen, daß es durchaus liturgische Anknüpfungspunkte gäbe. Leider fehlen den Verantwortlichen oft die Zeit und die Phantasie, um die festgefahrenen liturgischen Muster zu verlassen.

Unfähig zur Liturgie?

Schon vor Jahrzehnten hatte der berühmte Theologe Romano Guardini die Frage aufgeworfen, ob der moderne Mensch überhaupt noch „liturgiefähig" sei. Es ist hier nicht der Ort, um solche

Grundsatzdebatten zu führen, doch auf einige Beobachtungen, die zu denken geben, soll hingewiesen werden:

▶ *Wir leben in einer Konsumgesellschaft.*
Von klein auf erfährt sich der Mensch als Verbraucher, der gegen Geld Waren oder Dienstleistungen geliefert bekommt. Der wirtschaftliche Kreislauf lebt davon, daß der Konsum immer mehr zunimmt. Selbst soziale Zuwendung und Pflegedienste können mittlerweile eingekauft werden.

Daß dies auch tiefgreifende Auswirkungen auf den Lebensstil und das Lebensgefühl hat, liegt auf der Hand. Die „Fast-Food-Mentalität" breitet sich aus. Ex und hopp! Sogar in der Liebe. Selbst der gute alte Kindergeburtstag, einst mit viel Hingabe von Eltern und Geschwistern vorbereitet und gestaltet, kann heute durch den Service von Mc Donald's abgewickelt werden.

Es soll hier kein kulturpessimistisches Klagelied angestimmt werden, doch es gilt wahrzunehmen: Wo die Kunst des echten Genießens verlorengegangen ist, wo die Freizeit nicht mehr kreativ und phantasievoll gestaltet wird, wo nicht mehr richtig gefeiert werden kann, wo keine Lieder mehr gesungen, keine Spiele mehr gespielt, keine Verse mehr gedichtet werden, da geht auch die Fähigkeit zurück, Liturgie zu feiern.

Einen Gottesdienst kann man nicht konsumieren. Wer es trotzdem versucht, verliert schnell die Lust daran; denn für den Konsummarkt ist der Gottesdienst zu wenig attraktiv, um auf Dauer konkurrenzfähig zu bleiben.

▶ *Wir leben in einer Mediengesellschaft.*
Die Reizüberflutung, die damit gegeben ist, beeinflußt die Wahrnehmungsfähigkeit der Menschen. Immer stärker müssen die Reize sein, damit sie noch Wirkung erzielen, immer greller die Bilder, immer gewagter die Kleider, immer brutaler die Filme.

Der Gottesdienst ist aber keine Multi-Media-Show. Der Pfarrer kann nicht mit Thomas Gottschalk konkurrieren. Statt „action" werden Geschichten von Jesus vorgelesen, statt einer vorbeirau-

......

schenden Bilderflut gibt es nur nüchterne Worte und statt einer rei-
ßerischen Talkrunde eine einfache Predigt.

Liturgie lebt von der stillen Betrachtung, vom Horchen auf das
Wort der Schrift, vom Eintauchen in das „heilige Spiel" der Riten
und Symbole. Wer die Light-Show der Disco gewöhnt ist, mag sich
deshalb schwertun mit dem Licht einer Kerze. Wem die Ohren
dröhnen vom Lärm der Geräusche des Alltags, wird es nicht leicht
haben, die leise Stimme zu hören, die zu ihm spricht.

▸ *Wir leben in einer Leistungsgesellschaft.*
Produktion zählt, Ergebnisse zählen, Leistung zählt. Kein Platz für
zweckfreies Spiel, für stilles Verweilen bei sich und seinen Gedanken, für Betrachtung, für Gebet, für Gottesdienst.

Wenn etwa die Mönche mehrmals am Tag ihren Arbeitsrhythmus
unterbrechen, um sich zum Stundengebet in der Kirche zu versam-
meln, dann ist das nach den Maßstäben einer Leistungsgesellschaft
unproduktive Zeitverschwendung.

Auch in Kirche und Gemeindeleben ist solches einseitige Leistungs-
denken mitunter schon eingesickert. Aktionismus breitet sich aus.
Es muß etwas los sein in der Gemeinde, es muß „etwas geboten
werden", action ist angesagt.

Kein Wunder, daß manchmal sogar der Gottesdienst unter diesen
Leistungsdruck gerät: Orchestermessen und Jugendbands, Rollen-
spiele und Predigtgespräche sollen die Liturgie attraktiv machen.
Die Verantwortlichen für die liturgische Gestaltung spüren den
Druck, durch ausgefallene Ideen und originelle Gags den Gottesdienst „interessant" machen zu müssen, weil die liturgische Feier
selbst nicht mehr anziehend genug ist.

Um nicht mißverstanden zu werden: Selbstverständlich müssen
Gottesdienste gut vorbereitet und lebendig gestaltet werden. Oft
fehlt es hier an Kreativität und liturgischem Engagement. Die Gottesdienste müßten nicht so fad und langweilig ablaufen, wie es
vielerorts geschieht. Aber Gottesdienste sind religiöse Feiern, keine
kulturellen Dienstleistungen, die – wie im Theater – nach ihrem
Unterhaltungswert beurteilt werden. Eine Taufe, eine Hochzeit, die

Erstkommunionfeier sind kein kirchlicher Service zur religiös-romantischen Garnierung von Familienfeiern. Es sind sakramental-liturgische Feiern, die Menschen einbeziehen in das Geheimnis der Gegenwart Gottes, die aufleuchtet aus der Erinnerung biblischer Geschichten und hier und jetzt von neuem lebendig wird.

Nur durch Erfahrungen öffnet sich ein Zugang

Wer eine echte Glaubenserfahrung gemacht hat, muß nicht mehr durch Argumente und Dispute vom Glauben überzeugt werden. So ähnlich verhält es sich auch mit dem Gottesdienst: Wem hier eine echte religiöse Erfahrung geschenkt wurde, muß nicht mehr durch moralischen Druck zur Mitfeier bewegt werden. Um das große Wort „religiöse Erfahrung" an einigen Beispielen zu konkretisieren, sollen einige Erfahrungen benannt werden, die mit dem Gottesdienst verbunden sind:

1. Selbsterfahrung

Schon das Überschreiten der Kirchenschwelle eröffnet eine Erfahrung ganz eigener Art. Ein „Raumerlebnis" tut sich auf: Ich trete ein in eine besondere Atmosphäre, begebe mich in einen neuen architektonischen Raum, der geprägt ist von einem besonderen Licht, von Bildern, Gerüchen, Eindrücken, die mir das Gefühl vermitteln können, in „eine andere Welt" versetzt zu sein.
Dieses „Schwellenerlebnis" sollte bewußt wahrgenommen werden: Ich tauche jetzt ein in die „Sphäre Gottes", die mit ihrem Kerzenlicht, ihrem Weihrauchduft, den Wandgemälden und Goldfiguren so ganz anders ist als unsere Alltagswelt.
Es wäre aber verhängnisvoll, wenn dieses Erleben, diese „Schwellenerfahrung" das Gefühl vermittelte, wer die Kirche betrete, müsse etwas von seinem Leben draußen vor der Tür zurücklassen. Das würde ja gerade die fatale Trennung von Glaube und Leben, von Sonntag und Werktag verstärken, statt sie zu überwinden.

......

Jeder Gottesdienst braucht am Beginn eine Art „Umschaltphase", in der die Spannung von „draußen" und „drinnen" positiv aufgegriffen wird. Am Anfang der Versammlung steht die Sammlung: Ich komme zu mir, nehme wahr, wer ich im Augenblick bin, was mich bewegt, was ich mitbringe aus meinem Alltag, was mich beunruhigt oder freut, was mich ärgert oder traurig macht, was meine Gedanken besetzt, mein Leben erfüllt. Das alles sammle ich in mir und trete auf solche Weise „gesammelt" vor Gott und spüre dabei, wie „sein Angesicht über mir leuchtet".

Praktische Anregungen für Eltern
Vermeiden Sie es, gehetzt in den Gottesdienst zu kommen. Gönnen Sie sich ein paar Minuten der stillen Sammlung, und verweilen Sie bei der Spannung von „drinnen" und „draußen".
Sprechen Sie mit Ihrem Kind darüber, was Sie beide heute „mitbringen" in den Gottesdienst. Lassen Sie das Kind erzählen, was es mit sich trägt, wenn es jetzt die Schwelle überschreitet, was es Gott sagen, Gott zeigen will, vor dessen Augen Sie jetzt beide treten.
Wenn Sie das Gespräch darüber scheuen, regen Sie Ihr Kind dazu an, die ersten Minuten nach dem Betreten der Kirche zur „Sammlung" zu verwenden: „Sammle alles, was du heute mitbringst zu Gott, was dich bewegt und belastet, was deine Gedanken beschäftigt und woran dein Herz hängt, hier und jetzt."

2. Gemeinschaftserfahrung

Das erste und grundlegende liturgische Symbol ist die versammelte Gemeinde selbst. Indem ich die Schwelle überschreite, trete ich nicht nur in einen neuen Raum, sondern ich trete ein in eine Gemeinschaft, in die Versammlung der Gläubigen, in die Lebens- und Glaubensgemeinschaft der Kirche.
Wer Gottesdienst feiert, bleibt nicht bei der „Selbsterfahrung" stehen. Gott und ich – das kann nicht genügen. Die Versenkung nach innen ist noch nicht der ganze Weg. Wer Gott begegnet, wird offen für die Begegnung mit den Menschen.

......

Gott ruft Menschen. Mit diesem Bild beschreibt die Bibel einen sehr persönlichen, existentiellen Vorgang. Gleichzeitig schwingt dabei aber mit: Gott beruft Menschen in eine Gemeinschaft. Er sammelt sich „sein Volk". „Gott ruft sein Volk zusammen", heißt es in einem Kirchenlied, das oft zu Beginn des Gottesdienstes gesungen wird. In dem griechischen Ursprungswort für Kirche: „ekklesia" steckt das Verb „rufen". Die „ekklesia", die Kirche, ist das von Gott herausgerufene und zusammengerufene Volk, die Gemeinschaft derer, die Gottes Ruf an sich gehört haben und ihm folgen wollen.

Praktische Anregungen für Eltern
Schicken Sie Ihr Kind nicht allein zum Gottesdienst. Wenn die Familie nicht mit dabeisein kann, läßt sich vielleicht eine Verabredung mit Freunden treffen. Die Gemeinschaft des Glaubens beginnt schon, wenn zwei Schulkameraden einander abholen, um gemeinsam zur Kirche zu gehen.
Vor dem Gottesdienst sollte Ihr Sohn oder Ihre Tochter sich ruhig umschauen in der Kirche. Welche Verwandten, Nachbarn, Freunde, Bekannte entdeckt es? Je mehr die Zahl der Gottesdienstteilnehmer schrumpft, um so wichtiger ist es, einander wahrzunehmen und eine Art „Zusammengehörigkeitsgefühl" zu entwickeln. Scheuen Sie sich deshalb auch nicht, im Gottesdienst Bekannte zu begrüßen. Solange keine lautstarken Störungen entstehen, können Kinder ruhig ihrer Oma in der vorletzten Reihe zuwinken oder Kontakt aufnehmen mit Schulfreunden, die sie auf der anderen Seite des Ganges entdeckt haben. Das Gemeinschaftserlebnis ist wichtiger als die Befolgung starrer Regeln für „ehrfürchtiges Verhalten" im Gottesdienst.
Besonders dicht wird die Gemeinschaftserfahrung in der Eucharistiefeier erlebt. Hier versammelt sich die Gemeinde um den Tisch des Herrn, wird zur Mahlgemeinschaft, zum „Leib Christi", gerufen und eingeladen von ihm, der mitten in seiner Gemeinde lebendig ist und im Zeichen von Brot und Wein alle mit sich und miteinander verbindet.

......

3. Umkehrerfahrung

Wer die Schwelle überschritten hat und sein Leben, seinen Alltag vor das Angesicht Gottes bringt, wird die Erfahrung machen, dadurch verändert zu werden.

Selbsterfahrung konfrontiert mich immer auch mit meinem Schatten, meinen ungelebten Möglichkeiten, meinen Wachstumschancen und meinen Grenzen. Damit vor Gott zu treten, sich unter den Augen Gottes der eigenen Realität zu stellen, hat verwandelnde Kraft. Wo ein Mensch bereit ist, der Gegenwart Gottes in seinem Leben Raum zu geben, geschieht das, was die Bibel „Umkehr" nennt: neue Gewichtung der Lebensziele, neue Schwerpunktsetzung, neue Entschiedenheit für ein Leben mit Gott.

Auch das Hineintreten in die Versammlung der Gemeinde erfordert „Umkehr": Bereitschaft zur Versöhnung, Offenheit für Begegnung, Hinwendung zueinander in Geschwisterlichkeit und Solidarität. Wichtig ist die Erfahrung, daß solche Umkehr nicht zuerst in einem moralischen Kraftakt „geleistet" werden muß, sondern ermöglicht und geschenkt wird durch die Begegnung mit Gott. Wer sich angenommen weiß und gerufen von ihm, wird durch die Kraft der Liebe verwandelt und zu einem neuen Leben befreit.

Praktische Anregungen für Eltern

Vermeiden Sie es, ihren Kindern gegenüber den Gottesdienst zu sehr mit „Moral" zu verknüpfen. Moralisiert wird in der Kirche genug, oft auch im Gottesdienst. Die Feier der Liturgie ist kein pädagogisches Mittel, um Kinder dazu anzuhalten, „braver zu werden".

Richten Sie Ihre Aufmerksamkeit und die Aufmerksamkeit Ihres Kindes eher auf die Wachstumschancen, auf die verwandelnde und belebende Kraft, die von einem Gottesdienst ausstrahlen kann. Sprechen Sie auf dem Heimweg darüber, was das Kind „mitnimmt" aus dem Gottesdienst, was Sie selbst „mitnehmen" und was vielleicht weiterwirken kann im gemeinsamen Alltagsleben.

Zu hoch darf man dabei freilich die Erwartungen nicht stecken.

......

Daß Kinder den Gottesdienst als Kraftquelle für ihr Leben entdek-
ken, als „Tankstelle" für Lebensmut und Lebensfreude, für Liebe
und Hoffnung – das wird eher die Ausnahme sein. Aber wenn auch
nur eine Ahnung aufkeimt, daß die Begegnung mit Gott nicht folgenlos bleibt, sondern ihre Spuren hinterläßt in meinem Leben,
dann ist bereits viel gewonnen.

4. Feiererfahrung

Jeder Gottesdienst ist eine Feier. Der Sonntag ist ein Festtag. Feierstimmung sollte einen Gottesdienst auszeichnen, Festfreude, Ge-
löstheit, vielleicht sogar: Erlöstheit, sind seine Grundgefühle. Es
muß etwas zu spüren sein von der Freude über jenen Gott, der uns
„aus der Finsternis in sein wunderbares Licht gerufen hat" (1 Petr
2,9).
Das Leben selbst wird hier gefeiert, weil Gott sich – wie die Schrift
sagt – als „Liebhaber des Lebens" (Weish 11,26) erwiesen hat und
weil Jesus seine Sendung ausdrücklich mit den Worten zusammen-
faßte: *„Ich bin gekommen, damit sie das Leben haben und es in
Fülle haben"* (Joh 10,10).
Auf jedem Fest kommt irgendwie die Freude am Leben zum Ausdruck, erst recht da, wo der Gott des Lebens die Feiernden zusam-
menführt. In der Eucharistiefeier erlebt die Gemeinde sich am deut-
lichsten als Festgemeinschaft, die das Leben feiert, indem sie das
Brot des Lebens miteinander teilt, und die die Liebe feiert, indem sie
den Tod und die Auferstehung dessen verkündet, der gesagt hat:
*„Es gibt keine größere Liebe als die, wenn einer sein Leben gibt für
seine Freunde"* (Joh 15,13).
Leider entspricht die liturgische Praxis dem hier erhobenen Anspruch oft nicht. Von Fest und Feier ist nicht viel zu spüren, von
Freude noch weniger. Steifheit, Routine, Langeweile und unpersön-
liche Atmosphäre verdunkeln das Feiererlebnis. Schon vor 100 Jahren hatte Friedrich Nietzsche in seinem „Zarathustra" gespottet:
„Bessere Lieder müßten sie mir singen, daß ich an ihren Erlöser
glauben lernte: erlöster müßten mir seine Jünger aussehen."

......

Dabei hatte Paulus den Christen immer wieder zugerufen: *„Freut euch zu jeder Zeit"* (1 Thess 5,16), und schon die Gottesdienste der Juden waren voll vom Jubel über Gott, der in jeder Lebenslage die Hand über sein Volk hält: *„Da hast du mein Klagen in Tanzen verwandelt, hast mir das Trauergewand ausgezogen und mich mit Freude umgürtet"* (Ps 30,12).

Praktische Anregungen für Eltern
Wenn Sie keinen Einfluß auf die Gottesdienstgestaltung nehmen können, sollten Sie wenigstens durch die Rahmenbedingungen im Umfeld dazu beitragen, daß ein wenig „Feierstimmung" aufkommen kann.

Das beginnt mit Kleinigkeiten, wie etwa der Kleidung, oder auch damit, daß Sie sich mit Ihrem Kind rechtzeitig „einstimmen" auf die liturgische Feier. Wer bis zur letzten Minute vor dem Fernseher sitzt und dann gehetzt das Haus verläßt, um den Gottesdienst noch zu erreichen, schafft keine günstigen Bedingungen für das Entstehen von Festfreude und Feierstimmung. Vielleicht ist es möglich, die Teilnahme am Gottesdienst mit einem anderen Ereignis zu verbinden, das zum Fest- und Feiercharakter des Gottesdienstes paßt. In manchen Dörfern meiner fränkischen Heimat gehen die Männer nach dem Sonntagsgottesdienst zum Frühschoppen. Kurzbesuche bei Verwandten oder Freunden, an denen der Kirchweg vorbeiführt, könnten ein „attraktives Zusatzprogramm" sein, oder ein gemeinsames Frühstück im Pfarrheim nach dem Kindergottesdienst oder eine kleine Nachtwanderung nach der Abendmesse. Mit ein wenig Phantasie kann dazu beigetragen werden, den Gottesdienst in ein „Klima" von froher Feierstimmung einzubetten. Gerade der „Sonntagskultur" in vielen Familien könnte es guttun, hier schöpferisch neue Formen und Gewohnheiten zu entwickeln.

5. Befreiungserfahrung

Eng mit dem Feiercharakter des Gottesdienstes zusammen hängt das Erlebnis der Befreiung, das die Liturgie vermitteln kann. Was mich die Woche über bedrückt hat, meine Sorgen, meine Schuld, meine Erlebnisse, meine Trauer, meine Freude, alles, was mich bewegt, darf ich ausbreiten vor den Augen Gottes, darf Rast halten in seinem Zelt, darf zur Ruhe kommen vor seinem Angesicht.

„Du schaffst meinen Schritten weiten Raum" – so beteten schon vor 3000 Jahren die Juden in ihrer Tempelliturgie (Ps 18,37). Und sie gedachten des Befreier-Gottes, der sein Volk aus Ägypten, aus dem Sklavenhaus, herausgeführt hat. Liturgie ist Feier der Befreiung, Erfahrung von Befreiung, oder – wo dies nicht möglich ist – wenigstens Bitte um Befreiung. Weil Gott sich als Befreier, als Erlöser erwiesen hat, nicht nur in den Geschichten des Alten Testaments, sondern zutiefst auch darin, daß er Jesus aus dem Tod zu einem neuen Leben befreit hat, deshalb darf er auch in der Liturgie immer wieder um Rettung angerufen werden.

„Erhöre mich in deiner großen Huld,
Gott, hilf mir in deiner Treue!
Entreiß mich dem Sumpf, damit ich nicht versinke.
Zieh mich heraus aus dem Verderben,
aus dem tiefen Wasser!
Laß nicht zu, daß die Flut mich überschwemmt,
die Tiefe mich verschlingt,
der Brunnenschacht über mir seinen Rachen schließt.
Erhöre mich, Herr, in deiner Huld und Güte,
Wende dich mir zu in deinem großen Erbarmen!
Verbirg nicht dein Gesicht vor deinem Knecht;
denn mir ist angst.
Erhöre mich bald!
Sei mir nah, und erlöse mich!
Befrei mich meinen Feinden zum Trotz!"
                                    (Ps 69,14–19)

......

Ein uraltes liturgisches Gebet, noch heute gesprochen im Stundengebet der Kirche, ein Ruf zu Gott um Befreiung, um Rettung aus der Not.

Gerade hier wird aber auch sichtbar, was für das Verständnis unserer Liturgie zentral ist: Die Feier der Befreiung und die Bitte um Befreiung müssen notwendigerweise auch einschließen den Kampf um Befreiung. Wer nur für die Rettung der Armen betet, aber nichts für ihre Rettung tut, der betet nicht wirklich. In seiner „Gebetsschule" schreibt deshalb der Religionspädagoge Hubertus Halbfas: „Schöne Worte ohne Folgen sind kein Beten." (176)

Praktische Anregungen für Eltern

In jeder liturgischen Feier sollte etwas spürbar werden von dem, was wir „Erlösung" nennen. „Erlösung" ist ein theologisches Wort für „Befreiung". Die Menschen, die einen Gottesdienst feiern, sollen aufatmen dürfen, sollen ihr Haupt erheben und die „Freiheit der Kinder Gottes" erfahren, zu der Christus uns befreit hat.

Vieles kommt hier auf die liturgische Gestaltung an. Im Vorfeld können Sie als Eltern Ihre Kinder nur ermutigen, ihre Ängste und Sorgen mithineinzunehmen in den Gottesdienst. Sprechen Sie mit ihnen darüber, was sie bedrückt, wo sie sich nach Hilfe und Befreiung sehnen. Der Gottesdienst ist kein magischer Hokuspokus, der allen Kummer und alle Probleme wegzaubert. Ich darf aber für meine Kinder und für mich die Hoffnung haben, daß sich Wege öffnen und Perspektiven zeigen, wenn ich meine eigene Enge, die Last meines Lebens hineinstelle in die Feier der Befreiung.

Die Erinnerung an den Befreier-Gott kann Befreiung erneut lebendig werden lassen. Der Blick auf die Verheißungen der Zukunft, in der Gott alles in allem sein wird, kann die Blockierungen der Gegenwart überwinden.

6. Gotteserfahrung

In der Tiefe all der bisher genannten Erfahrungen gibt Gott selbst sich zu erkennen. Liturgie will immer zu einer Gotteserfahrung führen; denn die Begegnung mit Gott ist Ziel- und Höhepunkt jedes Gottesdienstes.

In der Gemeinschaft derer, die in seinem Namen versammelt sind, ist er gegenwärtig. In seinem Wort, das aus der Hl. Schrift verkündet wird, begegnet er uns. Der Priester, der die Feier leitet, handelt in seinem Namen. In den eucharistischen Gaben von Brot und Wein gibt er sich selbst.

Es ist ein tragischer Verlust, daß für viele Menschen in unserer Liturgie diese Gotteserfahrung kaum mehr aufscheint. Wie sonst wäre es zu erklären, daß es Proteststürme gibt, wenn der neue Pfarrer zehn Minuten länger für eine Eucharistiefeier braucht als sein Vorgänger? Wo sich wirklich eine Begegnung mit dem lebendigen Gott ereignet, schaut niemand auf die Uhr.

Gotteserfahrung – damit ist kein spektakuläres Widerfahrnis gemeint, keine mystische Ekstase, kein Höhenflug der Gefühle. Als der Prophet Elija am Berg Horeb eine Gottesbegegnung hatte, zog ein starker, heftiger Sturm an ihm vorüber, der die Berge zerriß und die Felsen zerbrach. Doch Gott war nicht im Sturm. Danach kam ein Erdbeben und dann ein Feuer. Doch auch darin, so erzählt die biblische Geschichte – war Gott nicht. Danach kam *„ein sanftes leises Säuseln des Windes"*, und darin erkannte Elija die Gegenwart Gottes (vgl. 1 Kön 19,9–18).

In den Bildern dieser biblischen Szene kommt eine Grunderfahrung des jüdisch-christlichen Glaubens zum Ausdruck: Gott ist der ganz Andere. Er sprengt alle Klischees, die Menschen sich von ihm machen. Er kommt anders, als man denkt. In der Geschichte Jesu verdichtet sich diese Erfahrung noch einmal neu. Die Krippe im Stall von Betlehem, das Kreuz auf Golgota – wer hätte Gott dort vermutet?

Ein junger Mann aus Nazaret – in ihm wird Gott sichtbar, teilt sich mit, wird gegenwärtig mitten unter den Menschen. Gotteserfah-

......

rung ist seitdem immer verbunden mit Christuserfahrung. Deshalb werden die Evangelien, die Geschichten von Jesus, im Gottesdienst vorgelesen. Und im Erzählen und Erinnern, in den Symbolhandlungen und heiligen Zeichen wird er selbst lebendig gegenwärtig als der Herr seiner Gemeinde, Gastgeber und Gabe zugleich.

Wer sich darauf einläßt, wer die Worte und Zeichen an sich heranläßt, wer sich dem öffnet, was sie „enthalten", taucht ein in das Geheimnis der Nähe Gottes, findet stammelnde Worte des Lobes und der Anbetung, erfährt sich berührt von der Hand des Geheimnisvollen, lauscht der verborgenen Stimme des Nahen und zugleich Fernen und spürt noch im Schweigen seine Gegenwart.

Praktische Anregungen für Eltern

Gotteserfahrung können Sie Ihren Kindern nicht vermitteln. Sie bleibt freies, unverfügbares Geschenk. „Gnade" nennt es die Sprache der Kirche. Die Liturgie kann nur den Raum schaffen, in dem sich Gottesbegegnung ereignen kann.

Vor allem darf nicht der Fehler begangen werden, alles mit Worten zuzudecken, vor lauter katechetischem Eifer das Geheimnis zu zerreden und keinen Platz mehr zu lassen im Gottesdienst für Stille, meditative Betrachtung und wortlose Hingabe. Gotteserfahrung geschieht nicht nur über den Kopf. Von orthodoxen Gottesdiensten könnten wir lernen, welche Kraft in den Bildern steckt, in den heiligen Gesängen und ehrfürchtigen Riten.

Suchen Sie mit Ihrem Kind in der Kirche einen Platz, wo es etwas sehen kann: ein Bild, eine Statue, das Kreuz oder den Altar. Ermutigen Sie es, seinen eigenen Gedanken nachzuhängen. Wenn es über Langeweile klagt, versuchen Sie, ihm zu vermitteln: „Du hast jetzt eine Stunde Zeit für dich. Musik und Bilder, Worte und Gesten können zu dir sprechen. Tief innen, im Herzen, ist manchmal ganz leise die Stimme Gottes zu vernehmen. Du mußt nur dasein, und Gott ist da, und manchmal kannst du seine Nähe, seine Gegenwart spüren, geschieht eine flüchtige Berührung, findet eine zarte Begegnung statt."

Wenn es das Angebot von besonders gestalteten Kinder- oder Jugendgottesdiensten gibt, dann nützen Sie diese Möglichkeit! Es muß auch nicht immer eine Eucharistiefeier sein. Wortgottesdienste können oft freier und situationsgemäßer gestaltet werden.

Immer kommt es darauf an, daß unsere Gottesdienste „erfahrungsgesättigt" sind: Menschen finden unter Gottes Augen zu sich selbst, erfahren sich beheimatet und getragen in der Gemeinschaft der Gläubigen, lassen sich verwandeln zu einem neuen Leben und feiern jetzt schon mit Lob und Dank dieses neue, „erlöste Leben", zu dem Christus uns befreit. Und in all dem begegnen sie Gott, dem Geheimnis ihres Lebens, der sich in Jesus Christus als „Geheimnis der Liebe" zu erkennen gegeben hat und in ihm Gestalt angenommen hat. Liturgie feiern wir in der Gegenwart, und wir bringen all das ein, was gerade unser Leben ausmacht. Wir stellen es aber hinein in den weiten Bogen von der Vergangenheit, an die wir uns erinnern, bis zur Zukunft, die uns verheißen ist. So geschieht in jedem Gottesdienst das, was wir in der Eucharistiefeier so zusammenfassen: „Deinen Tod, o Herr, verkünden wir, und deine Auferstehung preisen wir, bis du kommst in Herrlichkeit."

Literaturhinweise

Zur Weiterführung und Vertiefung der angesprochenen Themen könnten Ihnen folgende Bücher mithelfen:

Dieter Emeis: Kleiner Katechismus, Herder Verlag, Freiburg 1995

Hubertus Halbfas: Der Sprung in den Brunnen. Eine Gebetsschule, Patmos Verlag, Düsseldorf [4]1983

Willi Hoffsümmer: Kommuniongeschichten. Brot fürs Leben, Matthias-Grünewald-Verlag, Mainz [17]1996

Willi Hoffsümmer: Glaube trägt. Kleiner Katechismus für junge und erwachsene Christen, Matthias-Grünewald-Verlag, Mainz [8]1995

Anneliese Hück: Zwölf Körbe voll. Kleines Buch zur Erstkommunion, Matthias-Grünewald-Verlag, Mainz [2]1996

Klaus Roos: Geh deinen Weg und sei ganz. Impulse für ein christliches Leben, Matthias-Grünewald-Verlag, Mainz [2]1995

Impulse für ein christliches Leben

Klaus Roos
Geh deinen Weg und sei ganz
2. Auflage 1995. 160 Seiten. Gebunden

„Selbstfindung" ist eines der großen
Schlagworte unserer Zeit: Wer bin ich?
Was ist mir wichtig im Leben? Was
kennzeichnet dabei einen Christen, eine
Christin? Welche Einstellung, welche in-
nere Haltung, welches Verhalten gehö-
ren zu einem „christlichen Leben" im
Alltag?
Diesen und anderen Fragen geht der
Autor nach und lädt zu praktischen Schritten einer zeitgemäßen
christlichen Lebensgestaltung ein. Bibeltexte werden in spannender
Weise mit Texten aus der Weltliteratur ins Gespräch gebracht.

Matthias-Grünewald-Verlag, Mainz

Sinnvolle Geschenke zur Erstkommunion

Anneliese Hück
Zwölf Körbe voll
Kleines Buch zur Erstkommunion
2. Auflage 1996. 64 Seiten. Kartoniert

Dieses „kleine Buch zur Erstkommunion" erzählt in kindgerechter Sprache von Gott, von Jesus und von der Gemeinschaft der Christen. Es enthält biblische Geschichten und ausgewählte Erzählungen, die Kindern die Bedeutung des Brotes, der Meßfeier, des Kirchenjahres und der Sakramente näherbringen.
Ein empfehlenswertes Buch für alle Eltern und Kinder, die sich im Lauf eines Jahres auf die Erstkommunion vorbereiten. Es ist nicht nur für Kinder interessant, sondern gibt auch Eltern und LehrerInnen verständliche Antworten auf die Fragen ihrer Kinder.

Willi Hoffsümmer (Hg.)
Kommuniongeschichten
Brot fürs Leben
Topos Taschenbuch 79
17. Auflage 1996. 96 Seiten. Kartoniert

Den Kindern das Geheimnis des Brotes näherzubringen ist das Anliegen dieses Buches. Es enthält Geschichten und Texte, kurz eingeleitet und interpretiert, die vom Brot und seiner Bedeutung handeln. Diese Geschichten können Kinder selbst zur Hand nehmen als Vorbereitung auf die Erstkommunion. Sie sind aber ebenfalls geeignet für Eltern, die ihr Kind auf diesem Weg bewußt begleiten wollen.

Matthias-Grünewald-Verlag, Mainz